樹木画テスト

高橋雅春・高橋依子 著

北大路書房

まえがき

　心理査定や心理療法の場において，心理臨床家が心理テストを用いるのは，対象となる人のパーソナリティに関する情報を，できるだけ客観的に，できるだけ多く，また，できるだけ短時間のうちに得ようとする目的からである。これらを考慮しながら，心理臨床の場面では，心理テストが選ばれたり，テスト・バッテリーが構成されていく。描かれた絵に基づき対象者のパーソナリティを理解する描画テストも同じであり，与えられた課題によって，より多く表現されやすいパーソナリティの側面があり，課題によって得られる情報が異なるのも事実である。したがって描画テストの実施においても，時間が許せば，多くの課題を描かせる方が，対象となる人についての情報が増加すると考えられる。

　筆者の1人である高橋雅春は「描画テスト診断法（1967年）」と「描画テスト入門（1974年）」を刊行し，Buck, J. のＨＴＰテストと Machover, K. の人物画テストを組み合わせ，4つの課題を描かせるＨＴＰＰテストの形で実施する描画テストについて述べてきた。筆者らはこのＨＴＰＰテスト，すなわち「家」「木」「人」「反対の性の人」の4つを課題として，描かれた絵からの情報を統合している。

　しかし心理査定の時間が限られていたり，パーソナリティの特定の側面をとくに理解したい時に，4つの課題の中から適切な課題を選ぶことも可能であり，本書はＨＴＰＰテストの中で用いる樹木画を取り上げた。

　「木」の描画は比較的容易に実施でき，クライエントの抵抗が少ないので，無意識の自己像が表れやすいといわれている。「木を1本描く」樹木画テストは，クライエントの深層にある無意識の感情を反映し，心理的外傷となる過去の経験や，本人が意識の上では認めたくない否定的な特性も表すので，心理的成熟度，精神の健康状態，パーソナリティの特性が，より深く理解できる。本書のもう1人の筆者である高橋依子は本書（文教書

院版）を出版後，Bolander, K. の「樹木画テストによるパーソナリティの理解」を翻訳し，樹木画テストの臨床場面での有用性をさらに高めた。

　本書は樹木画に関するこれまでの多くの文献を参考にし，それらを筆者らの臨床経験に統合して樹木画テストの解釈法とし，研究者が解釈仮説として述べているものをまとめ，実際に樹木画の意味を読み取る時の手がかりとすることを目的とした。本書は樹木画に関する筆者ら自身の「料理読本」（解釈の手引き）ともいえる書物であり，とくに青年期以後の人が描いた，樹木画を解釈する時の拠り所となるものである。したがって本文中には過度の解釈仮説といえるものも含まれているので，臨床場面で本書を用いて樹木画の解釈をする時には十分な配慮が必要である。臨床場面において樹木画テストを目隠し分析（blind analysis）することは，他の心理テストと同じように不適切であり，多くの他の情報を参考にしなければならない。なおいくつかのサインについては，具体的な樹木画を例示したが，その単独のサインの存在だけから描いた人のパーソナリティを理解できないことはいうまでもない。またあるサインが見られたからといって，ただちに特定のパーソナリティ特徴があると，機械的に1対1の関係で断定してはならないことを強調したい。

　なお本書は文教書院から出版された書物であるが，このたび北大路書房より「新装版」として出版されることになった。本書を読まれる方は，「樹木画テスト」の題名も本文の内容も，本文の語句を一部修正した以外は文教書院版とまったく同じであることを了承していただければ幸いである。

　最後に，このような形で版を重ねることをお世話くださった北大路書房の関一明社長と柏原隆宏編集部長のご厚意と援助に心から感謝したい。

2010年3月3日

高橋雅春

高橋依子

目　　次

まえがき

第1章　樹木画テストの実施法 ……………………………… 9
　　1　用　　　具 …………………………………………… 10
　　2　教　　　示 …………………………………………… 10
　　3　描画中の行動観察 …………………………………… 11
　　4　描画後の質問 ………………………………………… 12
　　5　集　団　法 …………………………………………… 14

第2章　樹木画の解釈 ………………………………………… 15
　　1　全 体 的 評 価 ………………………………………… 15
　　2　樹木の表す人物像 …………………………………… 17
　　3　形　式　分　析 ……………………………………… 19
　　4　内　容　分　析 ……………………………………… 20
　　5　描画解釈の基礎理論 ………………………………… 21
　　　(1)　空間象徴の理論 ………………………………… 21
　　　(2)　年齢による描画の発達 ………………………… 22
　　　(3)　グラフィック・コミュニケーション ………… 23

第3章　空間象徴の理論 ……………………………………… 25
　　1　グリュンワルドとボーランダーの空間図式 ……… 25
　　2　用紙の上方と下方 …………………………………… 29
　　3　用紙の左側と右側 …………………………………… 29

4　用紙の左上と左下……………………………………… 29
           5　用紙の右上と右下……………………………………… 29

第4章　形 式 分 析 …………………………………………… 30
     1　サイズと筆圧 …………………………………………… 30
        (1)　大 き い サ イ ズ ……………………………………… 31
        (2)　小 さ い サ イ ズ ……………………………………… 31
        (3)　筆　　　圧 …………………………………………… 32
     2　サイズと用紙上の位置………………………………… 32
        (1)　普 通 の サ イ ズ ……………………………………… 32
        (2)　小 さ い サ イ ズ ……………………………………… 33
     3　切断された樹木画……………………………………… 34
     4　用紙を横にして描いた樹木画………………………… 36
     5　ラ　イ　ン …………………………………………… 37
     6　陰 影 と 影 …………………………………………… 38
     7　抹　　消 ………………………………………………… 39
     8　対　称　性 ……………………………………………… 40
     9　透　明　性 ……………………………………………… 41
     10　パースペクティブ……………………………………… 42
     11　詳　細　さ ……………………………………………… 43
     12　比　　率 ………………………………………………… 44

第5章　木　の　種　類 ……………………………………… 45
     1　現 実 的 な 木 ………………………………………… 45
        (1)　葉の茂みのある木…………………………………… 45
        (2)　冬 枯 れ の 木 ……………………………………… 47
        (3)　枯れ木と切り株……………………………………… 48
        (4)　木の一部分を描いた樹木画………………………… 49

(5) 種類の珍しい木…………………………………… 50
　　(6) 特　殊　な　木 ………………………………… 52
　　(7) 多　く　の　木 ………………………………… 54
　　(8) 風景の中の木 …………………………………… 55
　2　抽象的な木 ………………………………………… 57
　3　空想的な木 ………………………………………… 58

第6章 幹 ………………………………………………… 61
　1　幹　の　形 ………………………………………… 61
　　(1) 幹　の　上　下 ………………………………… 61
　　(2) 幹　の　膨　ら　み …………………………… 63
　　(3) 単線の幹と分離した幹 ………………………… 64
　2　傾斜した幹 ………………………………………… 66
　3　幹と樹冠の比率 …………………………………… 68
　　(1) 幹　の　長　さ ………………………………… 68
　　(2) 幹　の　幅 ……………………………………… 69
　4　幹と樹冠の接合点 ………………………………… 70
　　(1) 開　放　の　幹 ………………………………… 70
　　(2) 半開放の幹 ……………………………………… 70
　　(3) 閉鎖した幹 ……………………………………… 70
　5　輪　郭　線 ………………………………………… 71
　6　樹　　皮 …………………………………………… 73
　7　傷跡, 節穴, うろ ………………………………… 75

第7章 根　と　地　面 ………………………………… 78
　1　幹の根元と根 ……………………………………… 78
　　(1) 根も地面のラインもない木 …………………… 78
　　(2) 幹の根元だけを切断したライン ……………… 78

(3) 幹の根元が地面と連続した木……………………………79
　　(4) 地面上の根の示唆…………………………………………79
　　(5) 根　の　描　写……………………………………………80
　2　地　　　　面……………………………………………………82
　　(1) 地面のラインの位置………………………………………83
　　(2) 地　面　の　傾　斜………………………………………84
　　(3) 地　面　の　修　飾………………………………………85

第8章　樹冠，葉，枝……………………………………………………86
　1　樹　　　　冠……………………………………………………86
　　(1) 樹　冠　の　形……………………………………………86
　　(2) 茂　み　の　修　飾………………………………………90
　2　葉　と　茂　み…………………………………………………91
　3　枝………………………………………………………………93
　　(1) 枝　の　形…………………………………………………93
　　(2) 特殊な形の枝………………………………………………96
　　(3) 枝の方向と接合点…………………………………………97
　　(4) 三　次　元　の　枝………………………………………98
　　(5) 樹冠を形成する枝…………………………………………99
　　(6) 樹冠の構造としての枝……………………………………100
　4　付属的に描かれるもの…………………………………………101

　　参　考　文　献………………………………………………103
　　図表記載ページ………………………………………………104
　　事　項　索　引………………………………………………105

樹木画テスト

第1章　樹木画テストの実施法

　まえがきで述べたように，本書でいう樹木画テストは，筆者らのＨＴＰＰテストの中の樹木画に関するものである。ＨＴＰＰテストでは被検者に，まず「家」を描かせ，次いで「木」を描かせ，さらに「人」と「その反対の性の人」を描かせるのであり，樹木画はこの四つの描画の課題の中の一つである。しかし心理テストの目的によっては樹木画だけを実施することも可能であり，本章では樹木画テストを単独に行う時の実施法を述べることにする。

　樹木画テストにおいて「木」を描くように求められた時，被検者はこれまでに見てきた多くの樹木の中から，自分に最も印象的であったり，自分が最も共感できたり，自分と同一化できたりした樹木をまず心に思い浮かべる。次いでこのイメージ化された木を自分自身の内的感情や欲求によって，無意識裡に変容させ，被検者にとっての特有の木として描くのである。したがって樹木画テストで描かれた木は，主に被検者が自分自身の姿として，無意識のうちに感じているものを示し，被検者の基本的な自己像を表すことが多い。

　もちろん描かれた木が，いつも被検者の自己像だけを象徴しているとはかぎらず，樹木が特定の人物を象徴し，その人に対して被検者が抱いている見方や感情や欲求を表すことも多く，この点については後に述べたい。いずれにせよ少なくとも，「人」を描くよりも，「木」を描く方が被検者の防衛を少なくするようであり，樹木画テストを拒否する被検者は少ないといえる。

1 用　　具

　樹木画テストを個人法として実施するに当たっては，被検者一人に対し，B5判またはA4判の白ケント紙1枚とHBの鉛筆を2～3本と消しゴムを準備する。樹木画テストではこのほかの用具は不必要であり，定規その他の器具を使わせてはならない。一般に心理テストの実施にさいしては，物理的にも心理的にもテストを行うのに適切な場面を設定することが必要であり，また検査者が被検者との間にラポール（rapport：心のつながり）を形成しなければならないが，樹木画テストを行う時も同じである。

2 教　　示

　心理診断場面での被検者の緊張が解け，樹木画テストを受ける心構えができた時，検査者は用紙を縦の位置にして被検者の前に置き，「今からあなたに絵を描いてもらいます。これは絵の上手下手を調べるのでありませんから，気楽な気持ちで描いて下さい。しかし,いいかげんに描かないで，できるだけ丁寧に描いて下さい。写生ではなく自分の思ったように描いて下さい」と説明する。さらに「この鉛筆で描いてもらいますが，消しゴムを使ってもかまいません。時間の制限はありませんから，丁寧に描いて下さい」と付け加える。次いで「それでは木を1本描いて下さい」とだけ教示する。

　そして検査者は被検者に気付かれないように，被検者が描画を完成するまでの所要時間を計り，またテスト中の行動を観察する。被検者の中には，「どんな木を描くのですか」「1本だけですか」などさまざまな質問をする者がいるが，こうした質問には「あなたが思ったように描いて下さい」とだけ答え，質問は書き留めておく。また用紙を横に置き換えて描く被検者もいるが，その場合は被検者の自由にさせる。被検者の中には教示を無

視してきわめて乱雑に描いたり，漫画風に描いたり，抽象的に描いたりする者もいるが，この場合もそのまま描かせて，終了後や日を改めて再びこのテストを行い「今度は漫画でなく，普通の木を丁寧に描いて下さい」と教示して再テストを行うことが望ましい。

なお，わが国では Koch, K. のバウム・テストがよく行われていて，「実のなる木」を描くように教示されているが，筆者らはこの教示を取り入れていない。というのは①投影法として樹木画を用いる場合，特定の木を指定しないで，できるだけ被検者が自由に描けるようにすることが望ましいし，果実についてことさら指示しない時に，被検者が自発的に果実を描くことがあれば，それに意味があると思われるからである。また，②日本とヨーロッパの風土や文化の違いから，日本語としての「果樹」や「実のなる木」が有するイメージと，ヨーロッパの人々が「Obstbaum（fruit tree）」に対して有するイメージが異なると考えられるからでもある。

さらに，樹木画テストの実施に当たり大切なことは，被検者の絵の上手下手は問わないが，いいかげんに描かないで，できるだけ丁寧に描くように教示することである。きわめて短時間にかきなぐった絵でも（樹木画を描くのに要する時間は平均10分ぐらいである），それなりに被検者のパーソナリティの一面を物語ってはいるし，研究者の中にはメモ用紙や手帳の切れ端にボールペンや万年筆でかきなぐった絵からでも，豊かな情報が得られると述べている者もいる。しかし，筆者らは心理テストというかぎり，テスト状況，用紙，筆記具の種類，教示法，解釈法をできるだけ一定にすることが望ましいと考えている。

3　描画中の行動観察

一般に心理テストを行う時には，テスト中の被検者の態度や行動に注意する必要がある。樹木画テストの場合でも，被検者がテストの教示を早く的確に理解したか，理解が不十分で遅かったか，テストを拒否しようとす

るか，義務的にいやいや描いているか，喜んで興味を持って描いているか，黙って描くか，絶えず質問をしたり話をしながら描くか，消しゴムを使って消すことが多いか，などを観察しなければならない。さらに気楽な気持ちで描いているか，緊張しているか，自信ありげか，おどおどしたり警戒しているか，熱心に丁寧に描いているか，投げやりに通り一遍に描いているか，検査者や周りの様子を気にしているか，などについても十分な観察をしなければならない。また，テスト中の被検者の質問やつぶやいた言葉なども，描画の解釈に役立つことがあるので，記録しておくことが望ましい。

4 描画後の質問

樹木画テストでは「木」を描き終えた後で，描いた木の感想を被検者に述べさせたり自由連想をさせたり，検査者がさまざまな質問をして，描画を解釈するための資料を得るが，これを描画後の質問（PDI : Post Drawing Interrogation）という。ＰＤＩについては何も一定の質問をする必要はないが，樹木画に表されたパーソナリティの側面が被検者に意識されているのか，それとも無意識のものなのか，描かれた「木」が被検者自身の自己像を示すのか，誰か重要な他者を示すのか，それとも両者を混合した形で表しているのかなどを知る手掛かりとして，描画後の質問を欠かすことはできない。時間的余裕がない時でも，「この木はどのような状態の木でしょうか」とか「この木について，あなたが感じたり，思ったことを話して下さい」と尋ねることを忘れてはならない。次に参考のために筆者らが樹木画について行うＰＤＩの項目をあげておく。

① この木は何の木でしょうか（わが国の被検者は木の名前を明白に述べないことが多いが，常緑樹か落葉樹かを尋ねることは必要である）。
② （樹冠や葉の茂みが描かれていない場合）この木は枯れているのですか。それとも……（とあいまいに尋ね，枯れ木なのか，たんなる冬枯れの木なの

第1章　樹木画テストの実施法

かを明らかにする)。
③　(枯れ木なら) いつごろ，どうして枯れたのでしょうか。
④　(穴や傷跡などがあれば) これは何ですか。どうしてできたのでしょうか。
⑤　(特殊な木の場合) どうしてこの木を思いつかれたのでしょうか。
⑥　(描画で理解しにくい部分について) これは何ですか。どうして描いたのですか。
⑦　この木は何年ぐらいたっている木でしょうか。
⑧　あなたはこの木が好きですか。
⑨　この木はどこにはえている木でしょうか。
⑩　1本だけはえている木でしょうか。それとも森のように沢山はえている木の中の1本でしょうか。
⑪　この木はあなたに誰かを思い出させますか。
⑫　この木はあなたにどういう人を感じさせますか。
⑬　今，どういう天候でしょうか。
⑭　風が吹いていますか。吹いているのなら，どういう風がどういう方向に吹いていますか。
⑮　太陽が出ていますか。出ているのならどこに出ているのでしょうか。
⑯　この木は強い木でしょうか，それとも弱い木でしょうか。
⑰　この木は男と女のどちらに似ているでしょうか。
⑱　この木に必要なものは何でしょうか。
⑲　この木はあなたよりも大きいでしょうか，それとも小さいでしょうか。
⑳　この木は遠くにある木でしょうか，それともあなたの近くにある木でしょうか。
㉑　この絵はあなたが描こうと思ったように描けましたか。描き足りない部分がありますか。描きにくかった所はどこですか。

5　集　団　法

　これまで述べたのは樹木画テストを個人法として実施する場合であったが，集団法として樹木画テストを行うことも可能である。集団法として樹木画テストを実施する時は，用紙と鉛筆と消しゴムを各人に渡し，先に述べた教示を与えて描かせればよい。ただし集団法の場合，時間の教示をたとえば「木を描き終えるまでの時間は大体20分ぐらいですから，20分ぐらいで描き終えるようにして下さい」などと変える必要がある。また，集団法で実施する場合は，被検者が互いの描画を見ないように，座る位置と被検者間の距離を考慮したり，あらかじめ「漫画のように描かないで下さい」と教示する方がよい。そしてテストが終了した時，用紙の裏に検査実施日，被検者の年齢，性別などの必要な事項を記入するように指示しなければならない。なお，集団法では個人ごとのＰＤＩを行えないので，描画の終了後，「用紙の裏に，何の木を描いたのかとか，この木についてあなたが思ったり感じたりしたことを何でもよいから，自由に書いて下さい」といって，感想などを自由に記述させることが必要である。

第2章 樹木画の解釈

　ある人が描いた絵によって，その人のパーソナリティのさまざまな側面を明らかにすることが描画テストの解釈である。樹木画を含む描画テストの解釈は，被検者に関する他の情報も考慮することが重要であり，描かれた絵だけの目かくし分析（blind analysis）をすることではない。樹木画を解釈するに当たっては，被検者の生活史からの情報や，テスト・バッテリーとして描画テストとともに用いられた他の心理テストからの情報や，描画後の質問（PDI）や描かれた絵についての話し合いなどから得られた情報を参考にしなければならない。また第1章で述べたテスト中の被検者の行動観察の結果にも注意して，すべての情報を総合した解釈を行う必要がある。このように樹木画テストは，描かれた「木」だけを眺めて目かくし分析的に解釈するのではないけれども，描かれた絵を中心として見る時，①全体的評価，②形式分析，③内容分析の過程から得られた情報によって解釈される。これら三つの側面の解釈は互いに完全に独立したものではなく相互に関連しあっているが，樹木画の解釈にさいしてはこの三つの過程を意識し，それらを統合することが有益である。

1　全体的評価

　描かれた樹木画を全体として眺め，描画から得られる全体的印象を重視し，検査者が直観的に被検者の精神状態を知ることが全体的評価である。全体的評価を行うに当たっては，用紙のどの位置に絵を描いたか，ラインの強さはどうかといった描画の形式面を見るべきではなく，また何の木を描いたのか，樹冠や実が描かれているのかといった描画の内容面を見てはならず，絵が上手か下手かという美的判断を行わないで，直観的印象によ

って描画の意味するところを捉えねばならない。

　生来のものか経験によるものかを別にして，通常の人よりも非言語的コミュニケーションを正しく把握できる人がいるのと同じように，描画というグラフィック・コミュニケーション（graphic communication：図示的コミュニケーション）によって伝えられるメッセージや描いた人の精神状態を，より的確に把握できる人々がいるのは確かである。心理臨床においては，いわゆるアート（芸術）的なものとサイエンス（科学）的なものが入り組んでいるが，この全体的評価はよりアート的であり，形式分析や内容分析はよりサイエンス的ということもできる。しかし，描画の解釈に熟練した心理臨床家の行う直観的な全体的評価が，描画の形式面や内容面を全く無視しているとはいえない。描画テストの初心者はどうかすると描画を分析しすぎて，文献や論文に書かれたことを意識して解釈しようとするが，多くの描画を取り扱ってきた熟練した検査者はそれらを完全に自分の経験の中に統合しているので，初心者と熟練した心理臨床家では，全体的評価から得られる情報が異なってくるのである。

　したがって検査者が描画の全体的評価の能力を高めるためには，主観的な意味での直観を重視しすぎないで，絵画を含む芸術作品全般に関心を持つとともに，心理学や精神医学の知識を豊かにし，描画に関する研究文献を読み，年齢やパーソナリティや精神障害の状態を異にする多くの被検者の描画を見る機会を増やし，これらを自分の経験に統合するように努めねばならない。

　上述の点を念頭に置いた上での全体的評価の心構えとしては，描画の上手下手を判断の基準にしないで，描画の細かい様相にとらわれた分析をすることなく，描かれた「木」を全体として眺め，検査者が感じる第一印象を大切にしなければならない。そして次に「この木を描いた被検者は，何を感じ，何を訴えようとしているのか。外界（他人）をどのように見ているのか。自分自身をどう見ているのか」などを感じ取るようにしなければならない。

第2章 樹木画の解釈

　筆者らの場合，全体的評価として描画から具体的に感じられるのは，描かれた「木」が全体として，①調和がとれていて自然な印象を受けるか，バランスを失い歪んでいたり不格好であったりして，奇妙な印象を受けるか，②豊かなエネルギーを適切に統制して力強く繊細に描かれているか，エネルギーが乏しく無気力に，あるいはエネルギーの統制を失って粗雑に描かれているか，③パーソナリティが硬い印象を与える絵か，可塑性の感じられる絵か，④暖かく友好的な印象を受けるか，冷たく敵意を感じるか，⑤協調的で適切に自分を表現しているか，抑圧して防衛的になっているか，などである。

　また，全体的評価においては，①知能を含んだ一般的な適応水準，②情緒や精神の成熟度，③精神的安定性，④パーソナリティの統合と混乱の状態，⑤自我の拡張傾向と収縮傾向，⑥自己と外界への基本的な認知の仕方，⑦行動の統制力，⑧脳機能障害の可能性などが情報として得られる。

2　樹木の表す人物像

　全体的評価は描かれた「木」の意味を理解するための準拠枠であり，形式分析と内容分析は，この準拠枠に基づいて行われる。すなわち全体的評価を行いながら，描かれた「木」の特異な様相や多くの人が通常描くものと異なった点（たとえば，用紙の左下に小さく描いた「木」とか，盆栽の「木」など）に気付いた場合，全体的評価から得られた情報を参考にしながら，それが一体何を意味するだろうかと考えるのである。また，全体的評価で得られた情報をしばらく無視して，描かれた「木」をさまざまな形式面や内容面から分析していくことも可能である。

　この場合十分に注意しなければならないのは，描画に見られる特徴（これをシンボルと呼ぶ研究者もいるが，筆者らはサインと呼んでいる）が有する意味はきわめて多義的であり，あるサインとある解釈仮説が一対一で対応していない点である。たとえば樹木画の内容分析でのサインの一つである

「果実」は，後述するように「被検者自身」や「子供」を意味したり，「達成感」や「自己の誇示」を表したり，「依存性」や「未成熟性」を示したり，「感情的に拒否された経験」を象徴したりするので，「果実」が描かれたからといって，被検者が自分の現状に達成感を抱いていると機械的にいえない。検査者があるサインの存在に気付いた時，そのサインの通常有する意味を念頭に置くことは必要であるが，それを一対一の関係で機械的に解釈することは危険であり，全体的評価や描画の他のサインや他の情報との関連によって眺めなければ，その正しい意味を理解できない。

ところで形式分析や内容分析に当たっては，被検者の描いた「木」がどのような人物のどのようなパーソナリティの側面を表すかを考慮することが重要となる。まえがきで触れたように，一般に人物画は被検者が意識している自己像を表し，樹木画は被検者の無意識の自己像を表すといわれている。しかし樹木画が被検者の意識している自己像を示すこともあれば，重要な他者である父親や母親を表すこともあるし，さまざまな人物像に対する被検者の認知の仕方を混合して漠然と示していることもある。そこで筆者らは形式分析や内容分析に先立って，被検者の描いた「木」が何を表しているのかを知るために，筆者らの作成した「描画像の図式」（図2－1）を参考にしている。

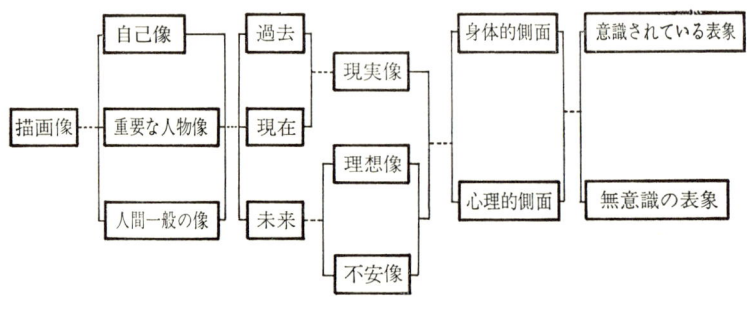

図2－1　描画像の図式

第2章　樹木画の解釈

　被検者の描いた「木」がこの図式の中の何を表すかは，被検者の生活史や面接結果などから得た情報と，全体的評価や描画後の質問（ＰＤＩ）などから得た情報を総合して考慮しなければならない。また，既述のように，ある描画が特定の一人だけの人物を表すとはかぎらず，同時にさまざまな人物に対するイメージを混合して漠然と示すこともある。描かれた「木」について筆者らは，この図式のように，まずこれが被検者自身を表すのか，父親や母親など特定の重要な人物を表すのか，あるいは被検者が認知している男性像や女性像，あるいは人間全体を表すのかを考えている。こうして仮説的に樹木画の示す人物像が推測されると，次にその人物像の過去か現在か未来のどれを表そうとしているのかを考察する。

　多くの描画像は被検者自身の自己像の現在の姿を表しがちであるが，重要な人物に対し過去に経験した喜びや悲しみを表現したり，将来このようになりたいという自分の姿を表出することもある。過去や現在を示す描画は被検者が認知している現実の姿を表すのに対し，未来を示す描画は「このようになりたい」という理想の姿を示すことが多いが，時には「このようになると困る」といった不安の姿を示す時があるので，そのどちらを表出しているのかを考えねばならない。樹木画の場合，被検者は「小さい木」に抑圧された気分を示すように心理的側面を描くことが多いが，なよなよとして細い「柳のような木」を描く肥満した女性のように，身体的側面（この被検者の場合は理想像である）を描くこともある。さらに被検者が樹木画に表出されたさまざまなパーソナリティの特徴を意識しているのか，それとも全く意識していないのかを考慮しなければならない。

3　形　式　分　析

　全体的評価に次いで行われる形式分析とは，第4章で詳しく述べるように，描画の課題に関係なく「絵をどのように描いたか」という点から，描画を分析していくことである。したがって形式分析で取り扱うサインは，

筆者らのHTPPテストの樹木画だけでなく，家屋画や男女の人物画を分析する時にも，描画一般の分析にも用い得るものである。

　形式分析のサインとしては，たとえば「木」が描かれた用紙上の位置（上下左右など），絵のサイズ（大小，用紙による絵の切断など），描画の写実性（具体的もしくは現実的に描くか抽象的に描くかなど），筆圧，描線の性質（ストローク，震え，破線，連続線，角ばった線か丸みのある線かなど），パースペクティブ（鳥瞰図か見上げた絵かなど），対称性，透明性，陰影，影，抹消の有無などがあり，形式分析とはこれらのサイン（特徴）と結びつく解釈仮説を検討していく過程である。

4　内　容　分　析

　内容分析は描画の課題によって異なり，第5章以下で述べるように「絵の何を描き，何を描かなかったか」という点から分析する過程である。内容分析では，描画の中で強調されたり無視されている部分を取り上げたり，描画像の特殊な部分の存在の有無を検討していく。Buck によると被検者が描画のある部分を強調するのは，次のように行われる。

　　　積極的強調として，1．描画をしている時や描画後の質問（PDI）において情動を表す。2．各部分を描く順序が通常の仕方でない。3．ある部分に特別な関心を示す。たとえば①過度に抹消を行い，描き直してもよくなっていない。②たびたびある部分に戻って描く。③ある部分を描くのに著しく時間をかける。4．明らかに逸脱した奇妙な描き方をする。5．ある部分を描くことに固執する。6．絵の全体やある部分について，被検者が自発的に感想や意見を述べる。また消極的強調として，1．描画の必須部分を描かないで省略する。2．ある部分の描き方が不十分であったり，部分と部分の接合が不十分である。3．描画後の質問（PDI）で質問に答えようとしなかったり，回避的な答えをする。

　樹木画の内容分析の例をあげると，樹冠を描いたか，幹に比べて大きさはどうか，幹は一線（単線）か二線によって描かれているか，二線の幹の場合，空白のままか，黒く塗ってあるか，傷跡があるか，果実や葉を描い

ているかなどがある。また「杉」や「椰子」や「竹」などの特定の「木」を描いたのか，「盆栽」や「支柱のある木」を描いたのかなど多くのサインについて検討し，このサインと結びつく解釈仮説を検討していくのが内容分析である。

5 描画解釈の基礎理論

描画のあるサイン（特徴）がどうしてパーソナリティのある側面と結びつくかの理論的根拠は，(1)空間象徴の理論，(2)年齢による描画の発達，(3)グラフィック・コミュニケーション（図示的コミュニケーション）の象徴性に基づいている。

(1) 空間象徴の理論

「空間象徴」は筆跡学で用いられた理論であり，樹木画を描く用紙という空間の中のある領域が特別の意味を象徴しているという考えである。空間象徴については次章でも述べるが，たとえば用紙（空間）の左側が物事の始まりであることから，過去，発端，出生，女性性，受動性を表し，反対の右側が未来，終末，死，男性性，活動性を表すとか，用紙の下方が無意識，衝動，物質を表し，反対の上方が意識，理性，精神を表すというなどである。日本の能舞台の橋掛かりや歌舞伎の花道にかぎらず，世界の国々の演劇の舞台で人物が登場するのは大部分が左からであり，多くの民族は文字を左から書き始めるように，左が物事の始まりということが多いので，人類全体が同じような空間象徴を持つ可能性が考えられる。

しかし，文字を左からでなく右から書き始める民族も，同じ空間象徴を有しているのかという問題もある。たとえば文字を書き始める位置の異なる日本，トルコ，カンボジアの児童とイランやイスラエルの児童の描いた描画では，描画像の用紙上の位置が異なり，前者が用紙の中央よりもやや右の方に，後者がやや左の方に描いていたという研究もあり，民族によっ

て空間象徴の意味が異なることも考えられる。しかし，筆者らの資料では日本人の場合，男女に関係なく被検者は一般に用紙の中央よりもやや左側に描くことが多かったし，日本人は右上から下へと文字を書いていくが，個々の文字の筆順は左が出発点となっているから，やはり筆跡学での空間象徴の理論を適用できるともいえる。とはいうものの本書で何回も主張するように，あるサインとその象徴する意味が一対一で機械的に対応することはないので，空間象徴の理論の適用においても目かくし分析的な解釈をしないで，さまざまな情報を考慮する必要がある。

(2) 年齢による描画の発達

年齢によって描画の様相の発達することが，描画を解釈する基礎理論となることはいうまでもない。人が幼児期から成長し発達するにつれて，いわゆる掻画（なぐりがき）から象徴画や図式画を経て，写実画へと変化していくことは周知の通りである。

たとえば図2－2のように一線だけで幹と枝を描いた「単線の木」（図

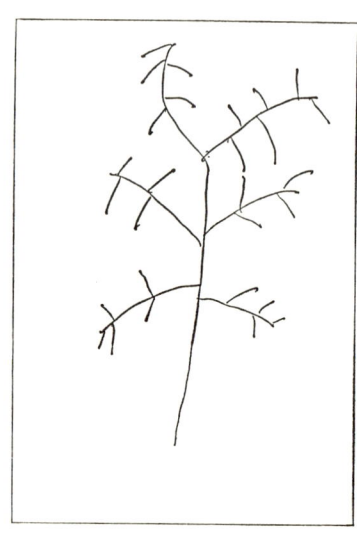
図2－2

図2－3

2－2は脳器質疾患者の描いた樹木画である）や，「樹冠が小さくて幹が長い木」（図6－17，7－3）や，図2－3のように幹の上に樹冠があってその下方の左右に小さい枝の出ている「木」などの樹木画は，幼児に多く見られる絵である。したがってこういう形の「木」を青年や成人が描いた時は，彼らの精神状態がきわめて未成熟な状態にあるか，なんらかの原因で退行した状態にあると類推できる。このほかにも幼少期の子供の絵に多く見られ成長するとともに減少する描画の特徴は多く，描いた被検者の生活年齢との関係で，樹木画の解釈が行われる。

なお本書で参考のために図示した樹木画は，いずれも青年期以後の年齢の被検者が描いたものであり，被検者の年齢や精神症状やパーソナリティ特徴はさまざまで，被検者の中には日常生活を健康に送っている者，犯罪者，非行青年，精神障害者を含んでいる。

(3) グラフィック・コミュニケーション

「グラフィック・コミュニケーション」（図示的コミュニケーション）の持つ象徴性は，描画テストが他の心理テストと異なる重要な側面である。グラフィック・コミュニケーションとは，人が自分の欲求，葛藤，感情，認知の仕方，生活様式などを，言葉でなく絵によって伝達することである。コミュニケーションにはさまざまな手段があり，われわれが通常用いているのは言語的コミュニケーションである。しかし，自分の欲求や感情を言葉で表していても，自分が本当に深く望んでいたり感じていることを適切に表していないと思う時がある。このような時，人々は音声や身振りなどの非言語的コミュニケーションを使うことがあるが，絵画もその一つであり，これがグラフィック・コミュニケーションである。

このように人々は①自分の欲求や感情などを言葉で表現できない時や，それらを言葉で十分かつ適切に表現できない時に，グラフィック・コミュニケーションとして描画という手段を使ったり，②無意識裡に有している欲求や葛藤や感情などを，自分自身も意識しないうちに自我防衛的に偽装

してグラフィック・コミュニケーションによって示したりする。

　たとえば依存的な性格であると自分を認知している被検者が「支柱のある木」（図5―12）を描き，描画後の質問（PDI）に対して，「私は気が弱く自信のない人間だと思います」というのは，先の①の場合である。また，ある青年が用紙の左右両側に切り株を一つずつ描き，中央に1本の「木」を描いたことがあった。PDIでこの被検者は，この絵について「なんとなく描いたので，別に理由はありません」と答えていたが，HTPPテスト以外の情報から彼の両親が最近離婚していたことが分かり，この切り株に両親を表しているのであろうと推察されたことがあった。この青年の樹木画は先の②の場合であり，自分の無意識の感情をグラフィック・コミュニケーションの形で表出している。グラフィック・コミュニケーションとして用いられる樹木画の象徴的意味を正しく理解するには，あるサインがいわば全人類に共通した象徴的意味を有する時と，ある特定の文化においてのみいえる場合と，ある被検者だけに特有の象徴的意味を持つ場合があることに留意しなければならない。したがって樹木画のサインの解釈に当たっては，精神分析学，文化人類学，発達心理学，神話，おとぎ話，芸術作品などからの普遍的な象徴的意味を理解するとともに，被検者個人に特有の象徴的意味を，PDIや他の心理テストや臨床所見から得るように努めねばならない。

第3章　空間象徴の理論

1　グリュンワルドとボーランダーの空間図式

　本章では，描かれた樹木画のあるサイン（特徴）が，被検者のパーソナリティのある側面に結びつく根拠となる理論の一つである，空間象徴について述べることにする。

　樹木画テストにおいては，描かれる「木」の多くが被検者自身を投影しているのに対し，「木」の描かれる用紙は被検者が意識するかしないかは別として，被検者の認知した生活空間を表している。したがって樹木画の解釈においては，用紙の特定の領域が通常有している空間の象徴的意味を理解することが必要となる。Kochは筆跡学で用いられた空間の有する象徴性について述べ，とくに Grünwald の空間図式をあげている。この図式は左から始まる文字の解釈に用いられる横に長い長方形の空間であり，下から始まる（種子は地面にまかれ，根は地面という下方にある）「木」を描く樹木画の用紙は縦に長い長方形であるから，Kochもいうようにそのまま用いることはできないが，参考のために図3－1に示しておく。

　また，「木」の用紙上の位置とサイズが，両親の影響，現在の環境の知覚，描画時の感情を表すと考える Bolander は縦に長い長方形の用紙を縦に三等分し，下から上に「本能領域（性，根づきの感覚，幼児期のしつけ，個人的無意識，集合的無意識）と過去」「情緒領域（意識された反応，社会的に是認される態度，情緒的経験，感覚的経験，否定的態度，原始的反応，潜在化した情緒）と現在」「精神領域（精神，心，想像，自己開発，自覚）と未来」を象徴すると述べている。さらに Bolander はこの縦に長い長方形の用紙を左右に二等分し，左側が母親，女性性，受動性，空想性，過去などを示す領域を表し，右側が父親，男性性，積極性，具体性，未来などを示す領域を表

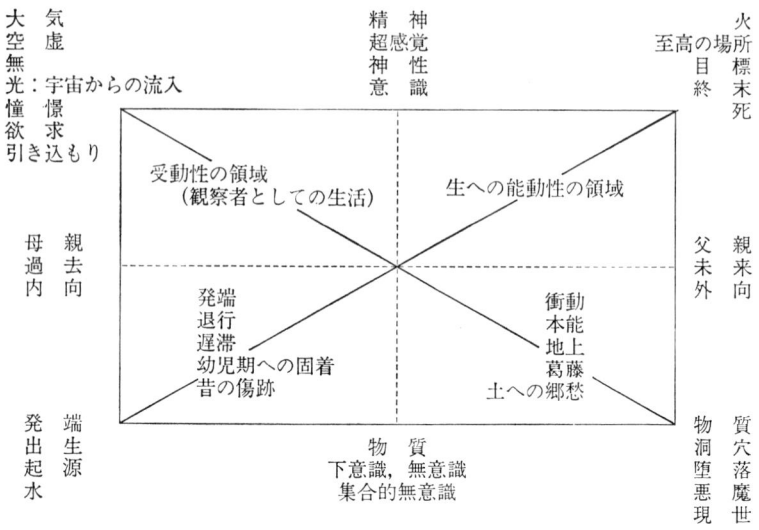

図3－1　Grünwaldの空間図式

すとも述べている。

　Bolanderはこれらを総合して図3－2のような空間象徴の図式を作成し，用紙上の特定の領域が象徴する意味（図ではその一部のみを紹介した）を示している。Bolanderはこの図式を一つのガイドラインと考え，「木」の位置する用紙上の領域や木の強調される部分の用紙上の領域が象徴する内容を考えている。そして特定の領域が有する空間象徴の意味は，描かれた「木」を目かくし分析するのでなく，他の情報を参考にしたり，描かれた「木」の特徴から捉えるべきであるといっている。たとえば図3－2の領域(7)に描かれた「木」の部分を強調する被検者であっても，「木」全体が弱く葛藤のサインが認められるなら，空想や夢の世界に受動的に逃避すると考えられる。しかし全体として力強くバランスがとれ成熟した「木」を描いている場合，その被検者は彼の有している直観や霊感を積極的に働かせ得ると考えられる。

　余談であるが，人が自分の行為に意義（価値）を見出そうとするのは世の常であり，心理テストを研究している心理臨床家の場合でも，特定の心

第3章　空間象徴の理論

(7)	(8a)	(8b)	(9)
神秘主義	狂信性	努力	完成
直観	理想主義	目標	計画性
憧憬	愛他主義	自覚	十分な財力
幻想	信仰	達成	独立
夢想	想像	きちょうめん	実験
芸術	宗教	哲学	科学
(4)	(5a)	(5b)	(6)
感情的判断	喜び	決意	意志
気分	保護	主導性	仕事
記憶	献身	自己統制	伝統
熱望	同情	責任	常識
受動性	悲しみ	虚栄心	具体性
感情の固着	後悔	拒否	活動性
(1)	(2a)	(2b)	(3)
依存	無意識の欲求	無意識の権力欲	無気力
安全への要求	無意識の記憶	識閾下の知覚	自己愛
退行	母性的本能	自我本能	恐怖：混乱
口唇的固着	再生への性本能	生殖器への性本能	肛門的固着
前意識	女性の元型	集合的男性の元型	死
発端の元型	豊饒神崇拝儀式	男根儀式	回帰

図3—2　Bolander の空間図式

理テストに関心を持つ者はそうでない人よりも，その心理テストの価値を高く評価しがちなことは否定できない。他方また特定の心理テストを研究し，臨床面での実際的な使用に習熟している者は，そうでない人よりも，その心理テストからの情報を多く得ることができるのも事実である。そして Koch や Bolander などは樹木画テストに習熟しているからこそ，樹木画の有効性や解釈仮説を主張しているのであろうと筆者らは考えている。

　しかし，第2章で少し触れたように外国の空間象徴の理論をそのままわが国に適用することに筆者らは疑問を抱いているし，あまり精緻な形の空間象徴の図式の適用にも疑問を有している。しかしまた，筆者らは，用紙の極端な左の領域に「木」を描いた被検者が，幼少期から母親の影響力を強く受けてきている事例をかなり見ている。さらに用紙の極端な右の領域に「木」を描いた被検者が，母親に無視された経験を有していたり，「私の家族という題で絵を描いて下さい」という教示の「家族画」で，父親への強い愛着を示す絵を描いたことも経験している。このようなこともあり，筆者らはこれまでの臨床的経験と，他の多くの研究者の空間象徴に関する考えをまとめ，樹木画について仮説的に次頁のような空間の象徴する意味を考えて用いている。なお上方と下方，左側と右側とはそれぞれが対極に位置する概念であり，上方と右側の空間の意味は互いに混合しているし，下方と左側の空間の意味も互いに関係しあっている。

　次章から述べるサイズと用紙の位置や樹木の強調される部分の意味などは，本章で触れた空間象徴の考えに基づいている。

第 3 章　空間象徴の理論

2　用紙の上方と下方

上方	精神　空想　未来　目標　意識　自覚　発展　完成 天　陽　男性性　主導性　活動性　不安定性 楽天性　喜び　社会 生
下方	物質　現実　過去　無自覚　無意識　衝動　退行　失敗 地　陰　女性性　受動性　非活動性　安定性 悲哀　悲しみ　自我 死

3　用紙の左側と右側

左　側	右　側
過去　発端　生 女性性　母親 内向性　受動性　消極性 自閉　内面　無意識 感情	未来　終末　死 男性性　父親 外向性　主導性　積極性 社会　外面　意識 知性　英知

4　用紙の左上と左下

左　上	空想　幻想　自閉　芸術　音楽
左　下	不安　退行　依存　幼児期（過去）への固着

5　用紙の右上と右下

右　上	目標　計画　完成　科学　数学
右　下	無気力　混乱　自己愛　孤立　死

第4章 形式分析

　樹木画の形式分析については，後の章でも触れるが，本章では形式分析における代表的なサイン（特徴）を取り上げて述べることにする。

1　サイズと筆圧

　描画像のサイズ（大きさ）を知る基準として，筆者らはHTPPテストにおいて，Ｂ５判の用紙の面積のほぼ三分の二の長方形よりも大きい描画像を「大きすぎるサイズ」，九分の一の長方形よりも小さい描画像を「小さすぎるサイズ」として，その中間の描画像を「普通のサイズ」としていた。この基準を用いた筆者らのHTPPテストに関する調査では，家屋画や人物画の「大きすぎるサイズ」の描画像が，青年期以後の被検者で20％～30％であるのに対し，樹木画で「大きすぎるサイズ」の描画像が約60％（中学生では約80％）であり，樹木画は他の課題に比べて「大きすぎるサイズ」で描かれやすかった。さらに他の課題では課題となる描画像が用紙からはみ出て切断されたように描かれることが少ないのに対し，樹木画では用紙の中からはみ出たように描かれ，描画像が上下左右で切断されたように描かれることが多く，筆者らのHTPPテストでの調査では，この切断された樹木画の出現は青年期以後の被検者の約25％（中学生では約40％）に見られた。

　このような点を配慮し，本書で筆者らは樹木画のサイズを定めるのに当たり，用紙のおおむね三分の一から五分の四ぐらいのものを「普通のサイズ」と考え，これ以上の大きさの樹木画を「大きいサイズ」，これ以下の小さい樹木画を「小さいサイズ」とすることにした。Ｂ５の五分の四以上の樹木画というのは，おおむね230㎜×163㎜の長方形からはみ出る大きさ

であり，三分の一以下の樹木画というのは，おおむね148mm×105mmの長方形の中に入る樹木画である。A4判の場合でも同じ比率で考えている。

(1) 大きいサイズ

青年期前期の被検者は，どうかすると用紙いっぱいに描いた大きいサイズの木や，用紙からはみ出て切断された木を描きやすい。しかし，成人になると「大きいサイズの木」であっても，用紙の中に収まった木を描くのが普通である。一般に描画像のサイズは被検者の環境との関係を示し，①自尊心，②自己拡大の欲求，③活動性，④感情状態を表すと考えられている。

したがって著しく「大きいサイズの木」は，①自己顕示，②自己拡張，③過活動，④高揚した気分，⑤過補償，⑥攻撃性を示している。サイズが著しく大きくて筆圧も強い樹木画は，幼児や児童に普通に見られるが，攻撃的な行動をする非行少年と犯罪者や，空想や妄想を抱く妄想症や躁状態の人にも見られ，サイズが著しく大きくて空虚な印象を与える樹木画は脳器質疾患者や知的障害者に生じたりする。また，サイズが著しく大きくて筆圧の弱い樹木画は，自己拡大の欲求を抱きながらも，精神的エネルギーが乏しかったり，環境からの強い圧力を感じていることが多い。

(2) 小さいサイズ

他方，用紙の約三分の一以下というような「小さいサイズの木」は，①不安，②低い自尊心，③自己抑制，④劣等感，⑤抑鬱感，⑥無力感，⑦引き込もりを示し，時には⑧退行した状態や，⑨依存性を表すようである。サイズが著しく小さくて筆圧も弱い樹木画は，精神的エネルギーの低さを示し，統合失調症やアルコール症や神経症の人々や老人に生じやすい。

多くの被検者の描く樹木画は大体，用紙のほぼ中央に用紙の約三分の一から五分の四ぐらいの大きさに適度の筆圧で描かれ，過去（女性性）や未来（男性性）から適度の影響を受け，適切な自尊心と活動性を持ち，精神的に

安定していることを示している。

　　　(3) 筆　　圧

　上にも述べたようにサイズの意味を理解するには，描画の筆圧も考慮しなければならず，筆圧は被検者の精神的エネルギー水準を表している。あまりにも「強い筆圧」で描かれた濃い樹木画は，①心理的緊張の強さ，②高いエネルギー水準，③自己主張，④攻撃性，⑤活動性などを表している。これに対し薄くて「弱い筆圧」は，①不安，②ためらい，③自己抑制，④無気力，⑤恐怖，⑥抑鬱感などを示すことが多く，統合失調症者の筆圧は一般に薄くて弱い。

　また，多くの被検者の筆圧は一貫し，安定した精神状態や適切に発達した自我の状態を表している。これに対し一貫性がなく不安定な筆圧は，時に被検者の可塑性を示すこともあるが，多くの場合，情緒不安定や衝動性を表している。

2　サイズと用紙上の位置

　　　(1)　普通のサイズ

　描かれた樹木のサイズが著しく大きすぎることがなく，おおむね普通のサイズの場合，その用紙上の位置との関係で次のような可能性が考えられる。しかし，これも機械的に用いるべきではなく，描かれた樹木の他のサインとの関係をつねに考慮することが大切である。

　用紙の「中央に描かれた木」は最も多く見られ，①被検者が安定し調和した精神状態にあり，②女性性（過去）の影響と男性性（未来）の影響を適切に受け，いずれか一方の両親から過度の影響を受けることなく，③過去に根づきながらも未来に期待していることを表している。

　用紙の「左側に描かれた木」は，①母親や女性性が強い影響を及ぼし，

②どうかすると過去にとらわれ，③内向的になったり受動的になったり，④理性よりも感情に走ったりする被検者が描きやすい。

用紙の「右側に描かれた木」は，①父親や男性性が強い影響を与え，②外向性や積極性を求めたり，③知的な満足を追求したり，④未来に期待を持ったりする傾向を意味している。なお極端に右側に描かれた樹木画は，時に母親への拒否感を示すこともある。

用紙の「上方に描かれた木」は，①過去や現実に根づかず不確実な状態を示しやすく，②実際的で日常的なことよりも空想の中に満足を求める傾向や，③高い目標を持ちながらも達成しにくいと感じることを表している。そして④才能や潜在力がある人なら，物事を完成しリーダーシップを発揮するが，⑤そうでない場合は不安定で軽率な行動に走る可能性がある。

用紙の「下方に描かれた木」は，①未来への展望を持たず想像力の乏しい被検者が描きやすく，②実際的で現実的な物事を重視し，③安定を求め，④不適切感から受動的になりやすい。

　(2) 小さいサイズ

既述のように小さいサイズの樹木画は，自信欠如や精神的エネルギーに乏しい無力感を表すが，その用紙上の位置から次のようなことが考えられる。

用紙の「中央に描かれた小さい木」は，①一応，安定した精神状態にあるが，注意深く用紙の中央に描こうとする被検者は，②周りの環境からの圧力を強く受けていると感じていたり，③孤独感を抱いていたり，④不安定な気持ちのために可塑性を欠いている被検者に生じやすい。

用紙の「左上隅に描かれた小さい木」は，Buck によると強い不安や退行を示し，新しい経験を避け，空想に耽る傾向を示すが，Bolander は反対に積極的に物事を達成しようと望みながら，実行できず空想に走る傾向を表すといっている。筆者らの経験では，①自閉的になり退行して過去の空想に耽る傾向（統合失調症や知的障害などに生じる），②神秘的あるいは芸

術的なものへの憧れを抱きながらも，現実生活と妥協する傾向（実業家でありながら芸術に深い造詣を有しているなど），③母親（女性性）に強く影響される傾向を示すようである。

　用紙の「左下隅に描かれた小さい木」（図6-11）は，Bolander が子宮に復帰したい欲求を 象徴すると 述べているように，①幼児期（過去）への固着が強く，②受動的で母親（女性性）に依存し，③現実に対処できないとか，④圧力を加えられているという被害感を示したりする。

　用紙の「右上隅に描かれた小さい木」は，①母親（女性性）の影響を拒否するだけでなく，父親（男性性）の影響も少なく，②孤独感や見捨てられた感情を持ったり，③人間関係を無視する自己中心的な被検者であることが多く，④自分中心に物事を完成させようとしがちである。

　用紙の「右下隅に描かれた小さい木」は，きわめてまれに出現する樹木画であり，①適切な人間関係を持てないで孤立し，②混乱した精神状態や引き込もり傾向を示している。

　用紙の「中央上に描かれた小さい木」は，Bolander によると，①両親の影響力がなく，早くから家族から独立している被検者に見られるとのことである。この位置の樹木画は，②現実よりも理想を求め，宗教的情熱を持ったり社会改革を意図して努力するなどの傾向を示すといわれている。

　用紙の「中央下に描かれた小さい木」は，①無力感と抑鬱感が目立ち，②独立するよりも依存欲求が強く，③他人に拒否されたという不適応感を抱き，時には④自殺傾向を示したりする。

3　切断された樹木画

　既述のように樹木の一部が用紙からはみ出て，用紙で切断されたような樹木画は青年期前期の被検者にかなり多く見られるが，成人の被検者では，用紙の中に収まる樹木画を描くのが普通である。しかし他の課題の描画と違い，樹木画の場合，用紙からはみ出て切断されていても，直ちに問題が

第4章　形式分析

あるとはいえない。切断された樹木画は一般に，①精神的エネルギー水準の高さ，②洞察力の不足，③生活空間からの逸脱や回避，④攻撃性などを意味しているが，切断される部分によって象徴される意味が異なっている。

用紙の上方で「上部が切断された木」（図6－24，8－12，8－14など）は，青年期までの被検者によく生じ，①未来に希望と自信を持ち，②目標を実現しようと熱中し，③活動的かつ楽天的であるが，④注意深さを欠くことを示している。成人が描くこのような樹木画はどうかすると，①空想的になりやすく，②行動するよりも思考することに関心を抱き，③知的面での達成欲求が強いことを示すようである。

用紙の下方で「下部が切断された木」（図4－8など）は，被検者が①自分の衝動（性や攻撃性や悲哀感など）を強く抑圧し，②過度の知性化により精神の安定性を維持しようとする傾向を表している。しかし図4－8のように，幹の下方が広く大きく描かれている時は，③衝動を否定しようとしながらも，その衝動に影響されていることを示すようである。

図4－1のように用紙の「左側で切断された木」は，①女性性の影響を強く受け，②未来（男性性）を恐れ拒否し，過去（女性性）に固着したり，③芸術や神秘性に没頭したり頼ろうとしたりする傾向を示している。

図4－2のように用紙の「右側で切断された木」は，上記の場合と反対に①男性性の影響を強く受け，②過去（女性性）から離れて未来（男性性）に固着し，③感情よりも知的統制や理性的権威に支配される傾向があるが，用紙の左方で切断された樹木画と同じように依存的な面が目立つことが多い。

樹冠が用紙の「三方で切断された木」（図5－16，7－5など）は，①自己中心的で，②判断力がやや不良であり，③あらゆる方向からの影響を受けやすく，被影響性が強かったり，④高揚した気分であったり，⑤空想が実現されると思い自分の空想の中に生活しがちな被検者に生じやすい。しかし時には，⑥独創性を発揮する傾向を表すことがある。この型の樹木画は青年期前期までの被検者によく生じるが，これは彼らが活動的であり，被

図4—1　　　　　　図4—2

影響性が強く，空想に走りやすいためとも考えられる。

4　用紙を横にして描いた樹木画

　検査者が用紙を被検者に対し縦の位置にして与え，縦の位置で樹木画を描かせようとしているのに，被検者の中には用紙を横にして樹木を描く者がいる。これは，①検査者や権威に対する無意識の反抗を示し，②自分の置かれた環境に不満を抱き，③自分を外界に合わせるのでなく外界が自分に従うべきであると考える被検者のことが多い。したがってその性格が，①自己中心的であったり，②順応性を欠いていたり，③空想世界に逃避しやすかったりする。

5 ライン

　樹木画のラインは被検者の情緒を表すと一般に考えられている。描画で用いられるラインは筆圧（強いか弱いか），方向（直線か曲線か，水平か垂直か），持続度（継続しているか急激に変化しているか），統制力（被検者が意図してラインを丁寧に統制して描いているか雑に描き統制を失っているか）により，長くて筆圧が強い直線のラインとなったり，曲がりくねって描かれた曲線のラインとなったり，短くて薄い破線のラインや雲のように薄い点線のラインとなったりする。目標を定めて忍耐力を持って行動し，情緒の安定した人は，一定の方向に持続した直線の長いラインを用いるが，定見がなく不安の強い人は，方向が急激に変わりはねあがったようなラインを用いがちである。

　ラインと筆圧に関する多くの研究によると，①適度の筆圧の直線で長く持続し丁寧に描かれたラインは，情緒が安定し，感情や行動を統制できる人に，②強い筆圧の直線で短く雑なラインは，興奮しやすく衝動的な人に生じがちで，③鋭角が多くてぎざぎざしたラインは，これが強められ，敵意の強さや衝動的な傾向や不安の存在を示し，④丸みのある曲線のラインは，健康で適応した人に見られるが，これが著しくなると，依存性や時には慣習を無視する傾向を示すと考えられている。

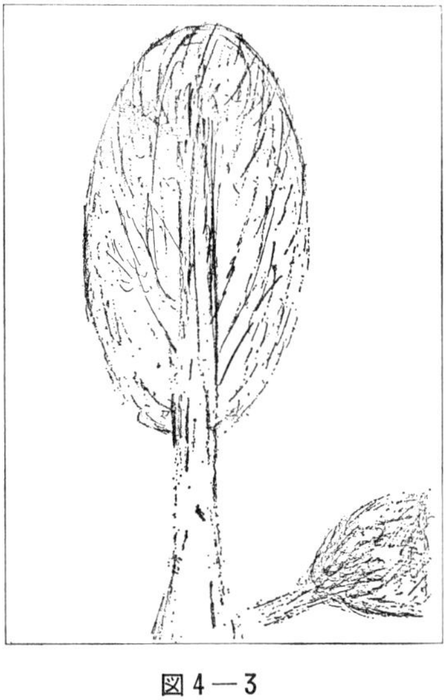

　また，ラインは連続した長さをもって通常描かれるが，①連続している「破線」（図6-23）が生じるのはまれであり，自我境界の崩壊や現実との接触の喪失感を示し，統合失調

図4-3

症や脳器質障害の患者に見られることが多い。そして破線は外界からの影響への感受性を表すこともあるが，むしろ自信欠如，自己不確実，不安，臆病，無力感，劣等感などを表すことが多い。さらに②スケッチ風に二重三重に「重なって描かれた破線」（図6－24）も通常の破線と同じ意味を表すが，神経症的葛藤や強迫性のある完全癖の人やきちょうめんさを示すこともある。また③図4－3のように鉛筆を斜めに使い薄く「幅広くなったスケッチ風のライン」は，美術に関心を持ってこの技法を用いる被検者を別にして，①自分の衝動を抑えられない不安を表すことが多く，②自信欠如を示したり，時には③正確さを求める傾向を表すようである。なお図4－3の樹木画を描いた被検者は木の右側に影を描き，完全を求め不安の強い性格を意識しながらも，それを自我に統合していることを示している。そして④スケッチ風のラインや通常のラインに著しい陰影をつけているのは，不安と抑鬱傾向や自主性を欠き従属的な性格を示すといわれている。また⑤震えの目立つラインは薬物の影響を示すこともあるが，精神障害者である可能性が強く，アルコール依存症を含む脳器質障害者に生じやすい。

6　陰　影　と　影

　樹木画の「陰影」（shading）は木に立体感を与えたり，木に当たる光を表す絵画の手法として用いられることもあるが，陰影が強すぎたり，本来存在しない所に陰影がつけられたりする場合は問題である。多くの研究者によると陰影は，①不安や抑鬱感，②外界からの影響に対して自己を保護しようとする機制，③心的外傷となる記憶の抑圧，④潜在的敵意などを象徴している。

　筆者らの経験では，陰影が樹木のほとんどすべてにつけられ，図4－4のように「黒く塗りつぶした木」は，①被検者が自分の傷つきやすい性格を意識して自分の姿を防衛的に隠している時や，②強い不安や抑鬱感情を表したり，③外界との接触に緊張感を抱いたりするようである。

第4章 形式分析

　また樹木のあちらこちらにつぎはぎのように陰影がつけられている場合は，自分の感受性を明確に意識しなかったり，時に攻撃傾向を示すようである。

　さらに樹木の特定の部分だけの陰影は，その領域の象徴するものへの不安や葛藤を示すが，Bolander は自分が恥じている出来事や抵抗できない外界の影響の存在を表すと述べている。

　樹木画で地面に木の「影」(shadow) を描くことは，①太陽を意識

図4－4

して描き，強迫傾向や完全癖を示したり，②知能が高く内省的な人以外にあまり見られないが，③影と同じように不安を表すことも多い。しかし図4－3のように地面のラインよりも上の方に描かれた影は被検者が意識している不安であり，地面のラインよりも下の方に描かれた影は被検者が抑圧している不安であることが多い。さらに図4－3のように地面の上で木の右側に描かれた影は，被検者が自分の無意識の部分（否定されるべき影の部分）に気付き，それを意識して自我に統合しているが，木の左側に描かれた影は，被検者が自分の無意識の部分に全く気付かず統合できていないといわれている。

7　抹　　消

　樹木画テストでは消しゴムの使用が許されている。それにもかかわらず，消しゴムを用いることなく，描画を全く修正しようと試みない被検者は問題である。すなわちテストを真面目に受けようとしていなかったり，

可塑性のないパーソナリティの持ち主であったり，投げやりであったりする。適応している被検者は，適度に消しゴムを使って描画を修正するものである。しかし，あまりにもしばしば消しゴムを用いて抹消と修正を繰り返す者は，①自信がなく，②決断力に欠け，③不安が強かったり，④要求水準が高かったり，⑤強迫傾向を示したりする。また，既述のように過度に抹消された部分が，被検者にとって特殊な意味を象徴していることもあり，Buck は抹消について次のように述べている。

1. 描画像を不完全なままにしておき，消そうとも描き直そうともしないのは，やや特異で拒否的な傾向を示している。
2. 一応描いた部分を消してしまい，その部分を描き直そうとしないのは，その部分やその部分の象徴するものが被検者に葛藤を引き起こしている。
3. 抹消をして描き直したものが，初めの描画像よりも巧みに描いてあるのは好ましい傾向を示している。しかし新しく描き直された描画像が，詳細すぎて完全を求める場合は問題である。また描き直された描画像が初めの絵よりよくないのは問題であり，①描き直した部分やその部分が象徴するものに対し強い情緒反応を示していたり，②脳器質障害の存在を表したりする。
4. 描画像の特定の部分を消して描き直すことを繰り返すのは，その部分やその部分の象徴するものについての葛藤を表している。

8　対　称　性

対称性はゲシュタルトの法則の基本的なものの一つである。多くの被検者は対称の点から見て均衡のとれた樹木を描くものである。絵の上下左右という対称にこだわりすぎて硬い印象を与える樹木画は，①不安定感が強いために安定を求めるのに強迫的となり，自分の感情を抑圧して知性化しようとする心的機制や，②感情が冷たく，距離をおいて他の人と接しようとする傾向を示す。図4－5は統合失調症者が描いた木であり，機械的かつ形式的な対称性が目立っている。他方，著しい「対称性の欠如」は，①被検者が不安状態にあったり，不注意であったりする場合のほかに，②知

的障害や脳器質障害の被検者など，不器用で協応動作がうまくできない者や，③高揚した気分や過活動になる軽躁病やヒステリーの患者に生じやすい。

9　透　明　性

樹木画の「透明性」は幹の向こう側が描かれたり，幹と枝や枝と枝の交差部分にも見られるが，最もよく生じるのは根であり，地面を透かして見える根が描かれやすいが，健康な精神状態の被検者がこのような絵を描くことはきわめてまれである。就学前児童や，知的障害者の描く樹木画を別にして，成人の描く透明性のある樹木画は，①情緒的ないし器質的原因によりパーソナリティの統合を失い，②現実吟味力（reality testing）が妨げられ，③自己と外界の状態を客観的に認識できず，両者を区別できないことを示している（図4－6は統合失調症者が描いた樹木画である）。また時には④露出症やのぞき見や同性愛などの性倒錯を示すという研究者もいる。ただし軽度の透明性の場合は，被検者の不注意を示すし，「本当は見えないけれど」と説明しながら描かれた透明性は，完全癖

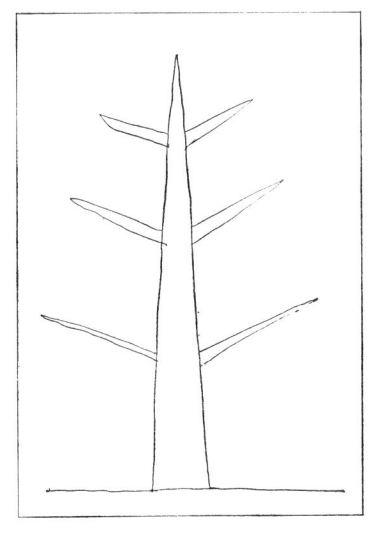

図4－5

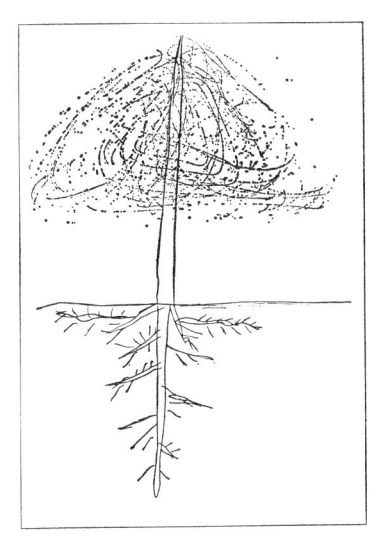

図4－6

のある人の絵に生じたりもする。

10　パースペクティブ

描画像に示された遠近の距離感を，パースペクティブ（perspective：通景）という。一般に遠く離れた距離感のある描画は，被検者が自分の住む生活環境に不適応感を抱き，環境に溶け込んでいないことを表している。

パースペクティブの特殊な形として，図4－7のような「鳥瞰図」（bird's-eye-view）がある。これは①被検者が環境に積極的に介入しようとしない態度を表したり，②自分が優位の地位にあると考え，自分の方から近づこうとしない傾向を示すようである。また研究者の中には鳥瞰図が③抑鬱感や敗北感を示すという者もいる。他方，図4－8（妄想型統合失調症の初期の患者の描いた樹木画である）のように樹木を下から「見上げた絵」（worm's-eye-view）を描く被検者もいる。これは，①被検者がやや劣等感を抱き，②環境に近づきたいと望みながら拒否されているという気持ちを有してい

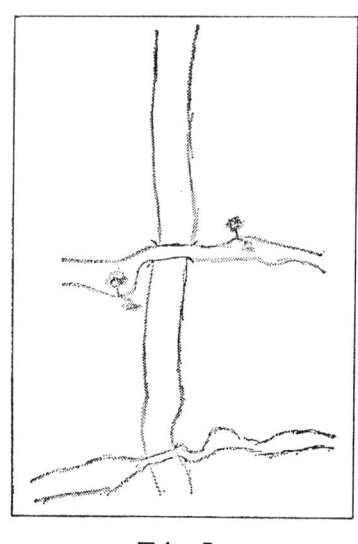

図4－7 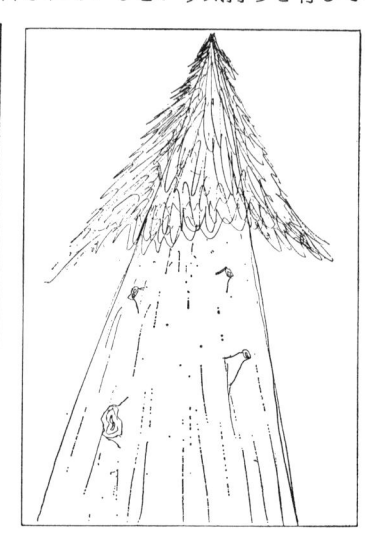　　　　　　　　　図4－8

ることが多い。いずれにせよ鳥瞰図も下から見上げた絵も特異な描き方であって，被検者が不適応な状態にあり，人間関係が希薄なことを疑える。

11 詳　細　さ

　描画像を構成する部分を，どの程度詳しく描くかを詳細さ（detailing）という。詳細さは被検者が日常生活の実際的で具体的な局面を意識し，それに関心を抱いて処理していく能力に関連している。樹木の部分は根，幹，枝，樹冠（枝の分化や葉の茂み）であるから，被検者がこれらをどのように詳細に描くかに注目しなければならない。

　樹木の根について，多くの被検者は幹の根元の分化した絵によって根を表すが，たんに幹の根元を膨らませるだけで根の存在を示唆する者も多い。樹冠と枝については，樹冠を描いて枝をその中に含めて枝を省略する者がいるし，枝を描いて樹冠を描かない者もいるが，なんらかの形で枝を描くのが普通である。したがって樹木画を構成する必須部分は，ある程度根の存在を配慮した幹と，樹冠もしくは枝であり，葉や根については描かない者が多い。

　樹木を描く順序は，通常，幹から描き始め枝や樹冠に移っていくが，描き慣れている人の中には根から描く者もいる。樹木画テストにおいて，「地面のライン」をまず描いてから樹木を描くのは，①他人に依存したり，②他からの保証を求めがちの人である。他方，樹木画を描き終えてから地面のラインを描くのは，安定した行動をしていても，急に不安になり他からの保証を求める人の可能性がある。また，最初に樹冠から描く人は，安定性を欠き，表面的な見栄や虚飾を求める傾向があるといわれている。

　樹木画テストにおいて根の存在を全く示唆しなかったり，枝のない幹だけを描くのは詳細さの欠如であり，①エネルギーに乏しく引き込もりがちであったり，②時に抑鬱状態を示したり，③知的障害や，④情緒の混乱を示すこともある。また樹木画を構成する必須部分である幹と，樹冠あるい

は枝だけを丁寧に描くのは，環境や他人に対し柔軟な態度で接していけない人である。さらに時間をかけて樹木の構成部分のすべてを過度に詳しく描くのは，自分と外界の関係を適切に統合できず，環境に強すぎる関心を抱き，重要なものとそうでないものを区別できず，細かい所までを強迫的に描こうとする完全癖のある人に生じやすい。こうした詳細さと異なりきわめて乱雑に描かれ詳細さの欠如した樹木画は，「詳細さの欠如」というよりも「省略」や「歪曲」というべき描き方である。これが被検者の投げやりな態度や反抗的態度を示すのでなければ知的障害，脳器質障害，現実吟味力の欠如などを表したりする。さらに，省略されたり歪曲された樹木の部分やその象徴するものが被検者に葛藤や不安を引き起こしている可能性もある。

12 比　　率

上述のように樹木は根，幹，樹冠あるいは枝から成り，多くの被検者は根の存在を示唆する幹と樹冠あるいは枝を描くが，この比率は均衡がとれていて，そのいずれかの部分を強調することはない。Jung, C. は根が無意識の源泉を，幹が意識の現実化を，樹冠が個性化の「意識を越えた」終着点を象徴すると述べ，多くの研究者は根が衝動を，幹が感情を，樹冠が理性を象徴すると考え，これらの部分の比率のバランスを失った樹木画に注目している。この点については，幹と根，幹と樹冠などの比率の所で述べることにしたい。

第5章　木　の　種　類

　樹木画テストで描かれる樹木画はさまざまな点から分類可能であり，前章の樹冠と幹と根の比率もその一例である。本章では樹木が実在する木として，現実的ないし写実的に描かれているか，かなり抽象的ないし図式的に描かれているか，あるいは実在しない木として著しく非現実的ないし空想的に描かれているかという見地から眺めてみたい。

1　現実的な木

　樹木画テストにおいて，被検者は自分が木に対して抱いているイメージに従って，現実の木をできるだけ写実的に描こうとすることが多い。ここでは現実的に描かれた木によく見られる特徴について述べることにする。

⑴　葉の茂みのある木

　被検者に描画後の質問（PDI）を行っても，多くの被検者は樹木の名前を意識して描いたわけではないと答え，描いた木の名前を「分からない」と答えがちである。しかし，描いた木が常緑樹か落葉樹のどちらかを尋ねることは必要である。これに対し常緑樹と答える被検者は，「常緑樹」が不死を象徴していることからも，①自分は活力にあふれた存在であるなどと肯定的な現実自己像を抱いていたり，そのように行動したいという理想像を抱いたりしている。また②周りの環境をあまり意識しないともいえる。これに対し「落葉樹」は，①自分が環境に支配されていると感じ，②周りの環境をかなり意識していることを表している。いずれにせよ樹木画テストにおいて，葉の茂みのある木や葉を示唆する樹冠を描く被検者は多い。

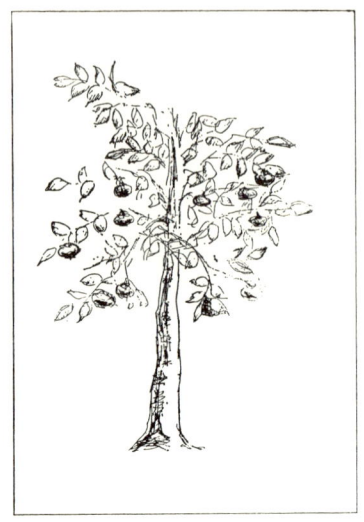

図5-1　　　　　　　図5-2

　「葉」は外界と自己の間の緩衝地帯を象徴しているので，葉の茂みのある木は，①自分に不適切な外界からの影響を濾過して自己を保護しようとする人や，自己をそのまま外界に露出しないで適当に統制しようとする人であると考えられる。しかし図5-1のように枝と葉を丁寧に詳細に描くのは，②きちょうめんで細かいことを気にする完全癖や強迫傾向を示すこともある。さらに時には③自分の外見を飾りたい欲求や，④自己顕示性を表したりする。

　なお「実のなる木」を描くように教示していないのに，図5-2や図6-2のように柿やりんごなどの「果実」を描く者がいるが，既述のように，①創造的活動が実を結ぶであろうという自信や，②何かを達成したという肯定的感情や自己の誇示を表す場合もあるし，描画の他のサインとの関係から見て，③幼児的な依存欲求や，④感情的に拒否された経験を表すこともある。また女性の被検者では果実が子供を象徴し，⑤子供を持ちたいという欲求や子供への関心を表すことも多い。

　また，図6-2のように「実の落ちる木」は，①感受性，②自己犠牲，

③敗北感, ④あきらめを示し, 女性の被検者では, 時に⑤子供の独立や, ⑥流産を象徴することがある.

(2) 冬枯れの木

冬枯れの木を表す図5－3と, 枯れ木を表す図5－4の樹木画とは異なっている. この両者の区別は描画だけからでなく, ＰＤＩを参照にしなければならない. 枯れ木と違って, 葉や葉の茂みのない「冬枯れの木」は, 時が来れば再び葉がつくことを象徴し, 適応した生活を送っている被検者にも生じる. 冬枯れの木は外界の圧力や影響を意識し, それらに直接さらされていることを表すが, ①自分は受動的に影響されるままになっていると感じているのか, ②再び葉がはえるように自分の力を外界に及ぼせるという自信を有しているのかを, 他のサインを参照にして区別しなければならない.

さらに冬枯れの木でも, 完全に枯れて葉が全くなくなった木（図5－3）と, 葉が残っている木（図6－30）と, 風に吹かれて木の葉が散りつつある

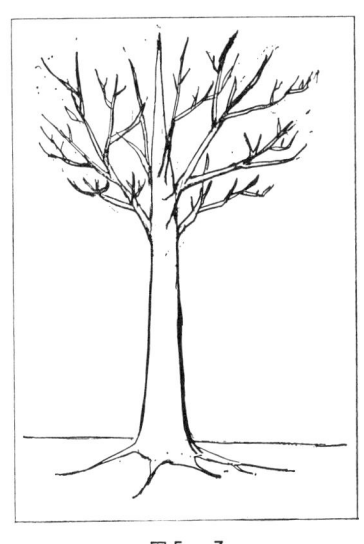

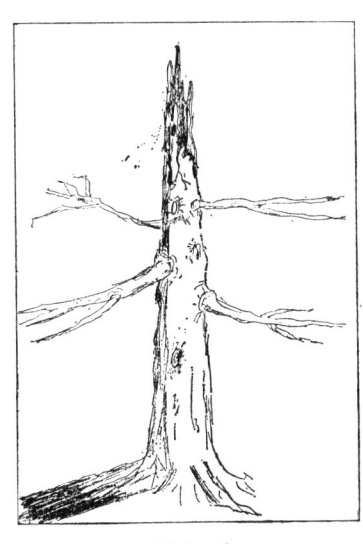

図5－3

図5－4

木（図4—1,6—25）とでは，象徴する意味が異なっている。図4—1や図6—25のように風に吹かれて枯れていく木は，被検者の感受性が強く，外界からの圧力を意識し，自分の統制力が十分でないことを表しながらも，数枚の葉が残っていることで自分の統制力が残っていることを象徴している。

(3) 枯れ木と切り株

　適応している被検者が枯れ木を描くことは少なく，自分でどうにもできない力に支配されて失敗し，未来に希望を持てないと感じている人が描きやすい。「枯れ木」は，①劣等感，②無力感，③抑鬱感，④罪責感などを表し，引き込もりがちの人，抑鬱的な人，神経症者，自殺傾向のある人のほかに，外罰的な人でも時に生じたりする。精神障害者で枯れ木を描く者の予後は不良のことが多いので，慎重に処遇しなければならない。枯れ木の場合，ＰＤＩでどうして枯れたのかという理由を尋ねることが望ましい。図5—4のように枯れた理由が雷や雨,風,虫など外部の力による木を描く者は，自分の挫折や欠陥の原因が外界にあると考え，心理的な外傷経験を有していたり，他人を非難することが多い。他方,根や幹が腐ったというように，枯れた原因が木の内部にあるという人は，被検者が自分自身を不健全で受容できない存在であると認知しがちである。一般に内部の原因によって枯れたという方が，原因が外界にある場合よりも病理性が強く,罪責感が強いといえる。また,枯れてからどれぐらいの年月を経ているかを尋ねることで，被検者の不

図5—5

適応感がどれぐらい続いているかを知る手掛かりを得ることもできる。

　枯れ木とはいえないが，広い意味でこれに含まれるものとして切り株がある（図5－5，8－18）。図5－5のように「切り株」だけを描くのは問題であり，自分の力でどうにもできないと思っている心理的な外傷経験の存在を示している。切り株を描く被検者の多くは切り株だけを描かないで，図8－18（この切り株は幼少期の心理的外傷経験を示している）のように他の木も描いたり，ひこばえを描いたりする。「ひこばえ」を描くのは，心理的外傷によって自我が著しく傷つけられたと感じながらも，無意識のうちに再出発しようと努めている被検者に見られやすい。このようにひこばえのない切り株に比べて，ひこばえのある切り株の方が適応性があり，①外界から満足を得ようとしても無駄であるという考え方を変えた人や，②性能力が回復した被検者にも生じるといわれている。また切り株の場合，図5－5よりももっと明白に根の存在を示唆する被検者が多く，これもまた自己を切り株に同一化していて，再出発の可能性を示しているといえる。

　また出現頻度は少ないが，時々，地面からはえた「苗木」や「若い木」を描く被検者が見られる。これは自分が①未成熟という感情を有していたり，②退行傾向や，③再出発の意欲を有していることを象徴している。

　　(4) 木の一部分を描いた樹木画

　上述の切り株は木の一部分であるが，被検者の中には木の全体を描こうとしないで，幹の部分だけとか，1本の枝とか，葉の茂みの部分だけとか，花や果実だけなど木の一部分のみを描く者がいる。

　このような樹木画は，①視野が狭く外界と自己の関係を的確に把握していない人や，②明確な自己像を有していなかったり，③適応を失った精神障害者が描きやすい。たとえば図5－6のように幹だけを描く被検者は，現在の感情に支配されているために理性による統制を失い，洞察力を欠いていることが多い。時に教示を正しく理解し，真面目な態度でテストを受けながら，図5－7のように「木材」を描いたり，電柱を描いたり，「木」

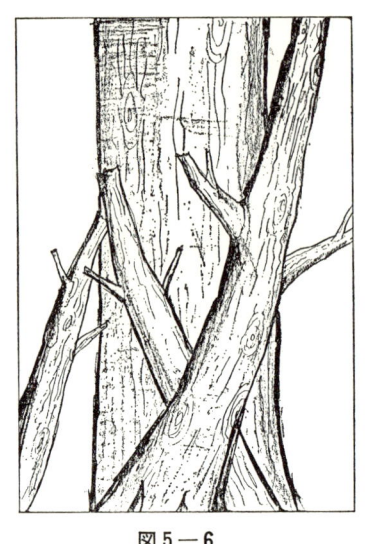

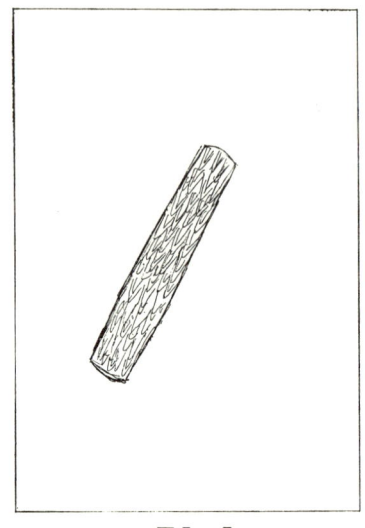

図5－6　　　　　　　　　図5－7

という「文字」だけを描く被検者がいるが，①テストへの反抗を表すのでなければ，②精神障害者である可能性がきわめて高い。

(5) 種類の珍しい木

ここで種類が珍しいというのは，「椰子」「竹」「柳」「ぶどう」「藤」など，実在しているが特殊な形の木であり，樹木画テストで主題として描かれることの少ない木である。

「椰子」は図5－8のように，実際に小さい樹冠と長い幹を特徴にしているので，この比率から直ちに未成熟で退行した精神状態を表すとはいえない。しかし，無意識裡に感情領域を象徴する幹に重点を置くことから，①理性や未来よりも現在の気分に動かされやすく，感情に訴える説得に支配されやすいと考えられている。また，わが国の被検者は椰子の木に，②現実からの逃避や，③孤立と孤高を表すようである。

「竹」は，幹が長くて樹冠が小さいことにおいて椰子と似ているので，椰子と同じような意味を有し，椰子よりも，現実からの逃避や孤立と孤高

第5章 木の種類

図5-8

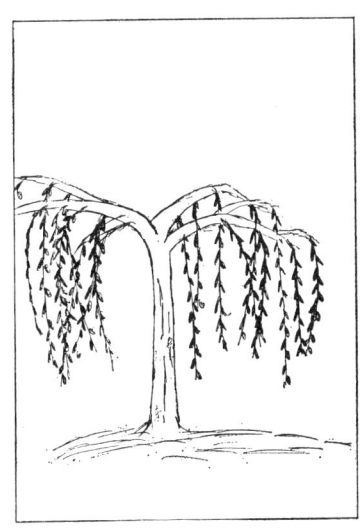

図5-9

図5-10

図5-11

の感情を強く表している（図5－9）。

　「柳」は図5－10のように，樹冠が理性や精神を表す上方に展開しないで，感情や過去を象徴する下方に垂れ下がっているので，①不快な過去の影響を断ちたいと望む人や，②感情に重きを置く人に生じやすいと述べる研究者もいる。しかし一般には柳が，③抑鬱状態，内向性，引き込もり状態などを表し，④自己主張が少ないことや，⑤外界を無視して自分の世界に生きようとする傾向を有する被検者によって描かれやすいと考えられている。

　(6) 特 殊 な 木

　出現頻度の少ない点では種類の珍しい木と似ているが，描き方が特殊な木として次のような樹木画が見られる。

　図5－11のような「盆栽」や「植木鉢」に植えられた木は，①不安定感，②現実社会からの圧力による引き込もり，③自主性と独立心の欠如と，④安定のための支持や保護を求め，⑤服従する傾向を表している。

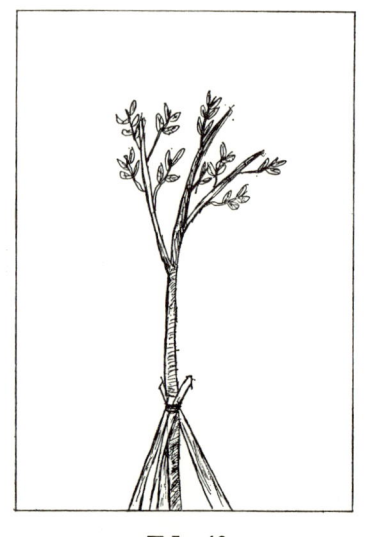

図5－12　　　　　　　　図5－13

第5章 木の種類

図5-14

図5-15

　図5-12のような「支柱のある木」も盆栽の木と同じような意味を持つことが多く、①不安定感、②自主性の欠如、③安定への強い欲求、④性欲求などの無意識の衝動への防衛を示している。被検者の中には、周りを金網で囲った木を描いたりする者もいるが、これらも支柱のある木と同じような意味を持っているし、⑤他人に触れられたくないという気持ちを表している。また「クリスマスの木」も鉢に入っていることが多く、装飾されているので「盆栽」や「植木鉢」に植えられた木と同じ意味を有しているが、それとともに特別な楽しい出来事の思い出や期待を有する被検者によって描かれやすい（図5-13

図5-16

53

は統合失調症者の描いた樹木画である。この絵のように樹木画にわざわざ「文字」を記入するのは，統合失調症者によくみられる）。

さらに描かれた樹木画が人の姿をしていることもあり，「正面向きの顔」（図5－14）は，①強い自己愛傾向，②幼稚さを示し，「横向きの顔」（図5－15）は，①承認を得たい欲求，②妄想傾向を示し，図5－16のように木全体が「人の姿」として描かれるのは，①自己顕示，②衝動性，③嘲笑的態度を示すようである。

(7) 多くの木

樹木画テストでの「木を1本描いて下さい」という教示にもかかわらず，図5－8のように2本の木を描いたり，図5－17のように森や並木を描いたりする被検者がいる。これは教示の無視という点で，①注意力の不足や，②反抗傾向を示すこともあるが，次のような理由に基づくことが多い。

「2本の木」を描く被検者は，①一方の木に自分の過去や抑圧している傾向を表し，②他方の木に新しい自己を再構成していることを示したりする。また，中には2本の木を描くことで，③被検者自身が複雑なパーソナリティを持つことを表すこともある。さらに2本の木のサイズに大小がある時や，「数本の木」を描いている時（図6－16）は，これらの木に両親や同胞などの家族成員を象徴していることが多いので，PDIなどによって，確かめねばならない。

図5－17

道とともに並木を描くのは，社会的な事柄や外界に関心の強い人によ

って描かれることが多く，「道」は被検者が生活の目標を持っていることを示し，「並木」を描くことで，①社会的圧力への過敏さを表すことが多いが，時には②自主性の乏しさを表すこともある。とくに「森」を描く被検者は，①自主性の欠如していることが多く，②集団の中に自分を失い，③自我が明確でなく自分自身の価値観を有していないことが見受けられる。

(8) 風景の中の木

図5−17もその一例であるが，太陽，月，雲，雨，風，山，川，家などの風景の中に木を描く被検者も時に見られる。このような人は一般に，①現実よりも空想に走りやすく，②豊かな感情を有していたり，③直観的に思考したりしやすい。この場合，被検者は自分自身をどれかの木に同一化し，風景に，①自分を取り巻く家族や社会を象徴し，現実像や理想像として家庭や社会と自分との関係を表すことが多い。また風景に，②自分が生活したいと想像している場所や，③幼少期への郷愁を象徴することがあり，風景とともに木を描く被検者の中には，現実から逃避しようとする者が見られる。

さまざまな風景が描かれる中で，「太陽」は，①力（権威）と②父親（英雄）を象徴することが多いが，また③愛情と④母親（保護者）を表すこともある。しかし成人の樹木画に太陽が描かれることはまれであるから，成人の描く太陽は，⑤幼児性（依存欲求）を示しがちである。Bolanderによると太陽の位置は，図5−18や図5−19のように木の右上に描かれることが最も多く，①父親，②英雄，③賢者を表し，被検者が④理性を尊重していることを象徴している。そしてBolanderは，木の左上に描かれた太陽（図6−19）が，①物質的にも精神的にも自分を育ててくれる両性具有的な母親を表したり，②神秘的教義や宗教的儀式に関心を抱く被検者に生じやすく，木の真上の太陽は，①神の実在を信じ，②自分の努力を重視する被検者によって描かれやすいと述べている。

また樹木の枝が太陽に届くように描かれる時は，被検者が①愛情欲求を

図 5 —18　　　　　　　　図 5 —19

抱いたり，②精神的な支持を求めたりしている。他方，太陽が低いところにあって，木が下方に向いている時は，被検者が自分を統制する両親などの権威像の支配を恐れていることが多い。さらに太陽からの光線が木に強く当っている場合，被検者が権威像に支配されている現実像を示したり，支配されたいと望む理想像を表したりする。そして木が太陽から離れようとする印象を与える樹木画は，自分に無力感を抱かせる人の支配を逃れようとする被検者によって描かれやすい。時に太陽を落日として描く被検者がいるが，この時は抑鬱感を象徴していると考えられる。

「月」は，①母性性（女性性），②生産性（多産），③神秘性を象徴することが多い。また Burns らによると，子供は「星」を冷たくて距離のあるものとして関係づけ，物質的にも情緒的にも剝奪された経験を表すと述べている。成人の描く「星」は，①希望や②不死を表すこともあるが，樹木画で月や星を描くのは夜の状態であり，このような描画は，むしろ被検者の③抑鬱気分や心のわびしさを象徴するようである。

「雲」は通常，①不安の象徴と考えられ，自己に脅威を与えるものの存

在を示すが，反対に②木に象徴される自己を外界の危険から保護する存在として描かれることもある。また木と太陽の間に描かれた雲は，③被検者が自分にとって重要な人物 (significant person) に対して不満足感を抱いていることを示している。

「雷」は統制できない外界からの圧力や脅威を表し，雷によって折れた木 (図5-4) は，被検者が外界からの力によって心理的外傷を受けた経験を示している。

「風」(図6-25) が樹木画に描かれているのは，被検者が自分の統制できない力によって支配されている感じを象徴している。この時，地面から木の上の方に吹いている風は，被検者が現実から空想に逃避しようとする傾向を表して，上から地面の方に吹いている風は，空想を離れて現実に戻ろうとする傾向を示している。

「山」(図5-17) は，ほかに描かれた自然の事物との関係により，①母親や，②保護と安全を求める欲求を示したり，③力強い父親や，④権力への欲求を表したりする。

2 抽象的な木

これまで引用して参照図としてきた樹木画は，実在する樹木を現実的ないし写実的に描いたものが多かったが，図4-5，5-13，5-19などはかなり抽象的に描かれている。樹木画テストにおいて，このような抽象的ないし図式的な木が描かれることはきわめて多い。

「抽象的な木」を描く被検者は，①樹木画テストに対し防衛的態度を抱き警戒や抵抗をしたり，自分の姿を表そうとしなかったり，②現実からの逃避的態度を有していたり，③皮肉な見方で人生を送ろうとしたり，④ユーモアのセンスがあったりすることが多い。しかし抽象的に描かれた木が，直ちに知的障害や病理性を示すのでなく，⑤青年や成人では，自分が描きたいと望む樹木の必須部分や特徴を意識して付け加えながら，木全体をでき

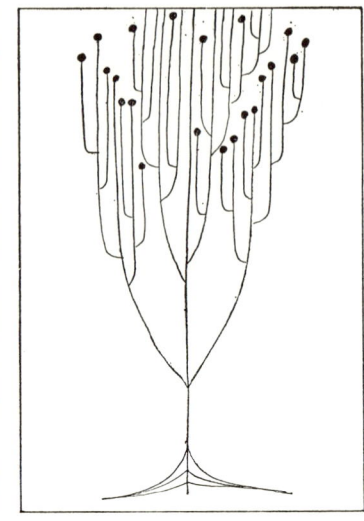

図 5 —20   図 5 —21

るだけ簡単に描こうとするために抽象的ないし図式的になることが多い。

　たとえば図 5 —19 の樹木画は図式的であるが，樹木の必須部分が描かれ，「果実」「小鳥」「巣箱」の他に，図 5 —18 の現実的な樹木画と同じように「太陽」を木の右上に描き，地面には「花」を描いている。この樹木画から見る時，二人の被検者のパーソナリティの特徴にはどちらも未成熟性が認められるものの，適応した生活を送る能力を有していることが推察できる。また図 5 —20 と図 5 —21 はいずれも抽象的な木であり芸術的センスが感じられ，美的見地からは図 5 —20 の方が優れているが，用紙の用い方，木のバランス，根や実の存在などの点からパーソナリティの健康さを考える時，一線だけの幹と枝であっても図 5 —21 の被検者の方が適応性が高いといえる。

3　空想的な木

　抽象的ないし図式的な木と違って，「空想的な木」ないし「幻想的な

第5章 木の種類

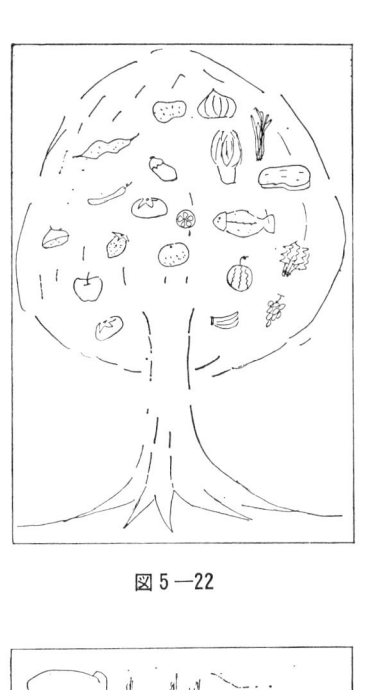

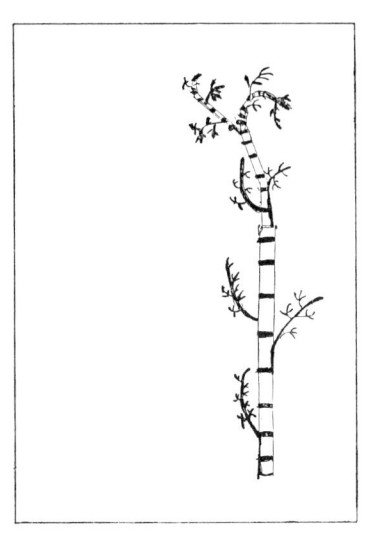

図5-22

図5-23

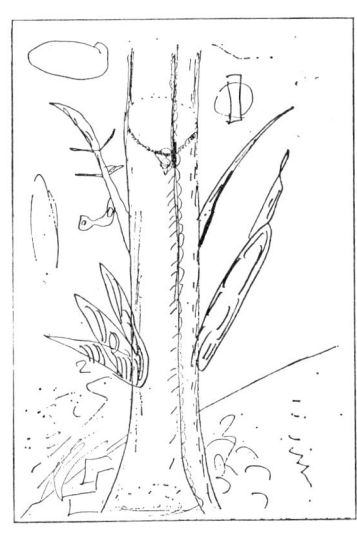

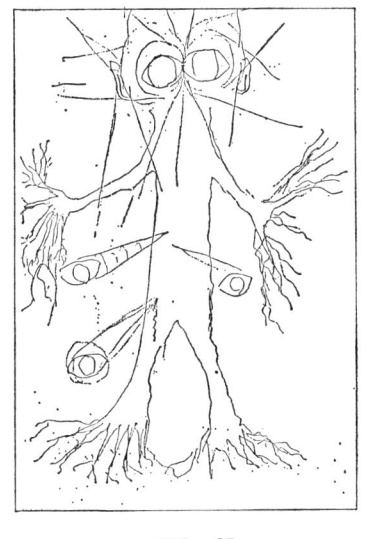

図5-24

図5-25

木」は，実在しそうにない木を空想して描いたものであり，精神的に幼稚すぎたり，精神障害の可能性があったりする。図5—22は18歳の女性の描いた樹木画であるが，このように樹冠の中に野菜を描いたり，人形や事物を描くのは，子供の樹木画によく見られるので，幼稚性を表している。このような樹木画は子供が得たいと思っている事物についての空想を表すことが多い。

　また図5—23の「竹」のように見える樹木画は，動脈硬化性知的障害者が描いた木であるが，現実的な木とは考えられず，何か特異な認知をしている可能性を示している。さらに図5—24と図5—25は空想的というよりも，幻想的な木であり，いずれも妄想型の統合失調症者が描いた樹木画である。

第6章　幹

　幹は樹木の中心となる部分であり，①被検者の自我強度，②生命力，精神的エネルギー，内的衝動の流れ，③感情機能の働きを象徴している。幹は根元から上方の樹冠に伸びていくので，①幹の下方が被検者の生活の幼い時期を，上方が現在を象徴し，また②下方が無意識の経験を，上方が意識された経験を表すと考えられる。

1　幹　の　形

(1)　幹　の　上　下

　幹はおおむね垂直の二つの平行したラインで描かれ，根元が少し開き，

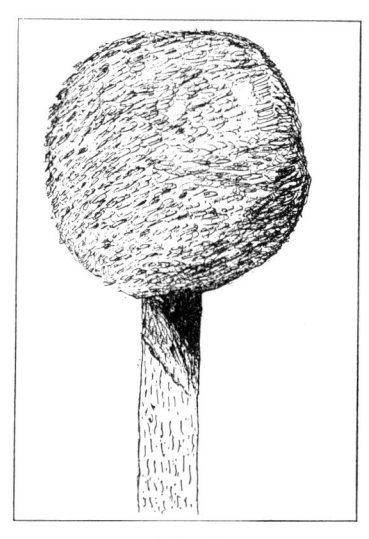

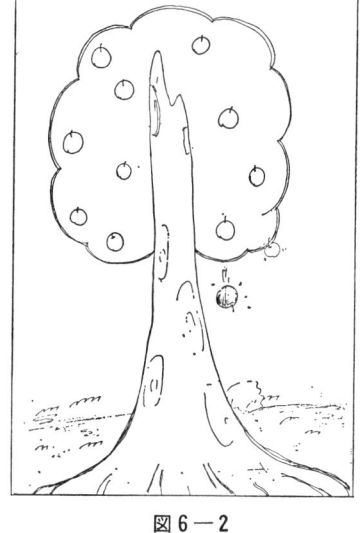

図6—1　　　　　　　　図6—2

木全体との平衡がとれた形で描かれる。これは被検者の自我強度が適切であり，無意識の欲求・感情・精神的エネルギーを自由に取り入れ，これらを適切に統制して表出できることを示している。しかし，図6－1のように根元の膨らみもなく，樹冠まで幅が等しい「電柱のような幹」は，成人よりも児童に多い樹木画であり，①頑固で融通がきかず，②生き生きした所が少なく，③外見を大切にし，④型にはまった仕方で感情などを表現しやすい。しかし高知能の人が幹をこのように描くのは，むしろ⑤客観性を重んじて抽象的に思考する傾向を表している。

これに対し，図6－2のように幹の下方から著しく「根元が広くなった幹」は，①理性による統制が不十分であり，②無意識の欲求や感情に過度に支配されたり，時に③強い依存欲求や，④理解力の鈍さを表したりする。

また，図6－3のように根元に比べて「幹の上が広くなった木」は，①被検者の統制力をこえた衝動が存在し，②理性よりも感情的な行動に走りやすく，時に③自我が崩壊していることを表したりする。このような樹木画はきわめてまれであり，非行少年が描いた図8－4はこれに近い例であ

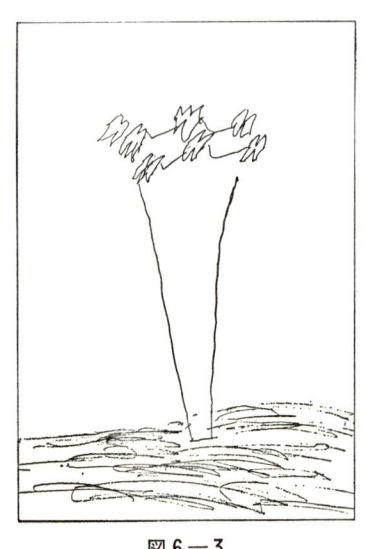

図6－3 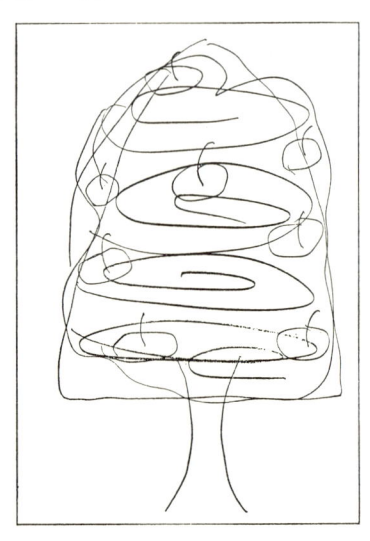　　　　　　　　　　図6－4

第6章　幹

る。

　幹の中央部がくびれた「漏斗状の幹」は，自我機能が弱いために衝動と理性を適切に調節できず，状況に応じて感情を表出しにくいことを表している（図6－4は妄想型統合失調症者が描いた樹木画である）。

　また，図6－5のように一つの樹冠に入る「上方で二つに分かれた幹」は，空想（芸術）と計画性（科学）への両価性などを示すことがあるので，被検者にとって両価感情の対象が何かを把握することが望ましい。

図6－5

(2) 幹の膨らみ

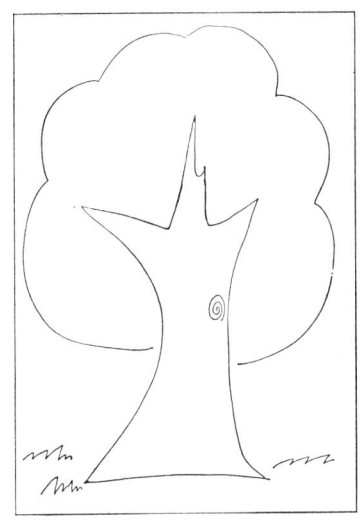

図6－6

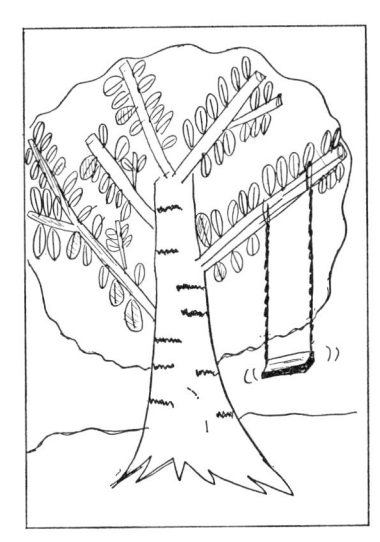

図6－7

幹や根元の左右のいずれかの膨らみが目立つのは，欲求不満や過去の外傷経験や特殊な欲求を示すことが多い。通常，図6－6のように「左側に膨らんだ幹」は，①過去への固着，②母親への愛着，③抑制傾向，④内向性などを示し，図6－7のように「右側に膨らんだ幹」は，①未来への期待，②父親への同一化や愛着，③頑固さ，④外向性などを表しやすい。もちろん繰り返し述べるように，樹木画のあるサインが一つだけの意味を有するとは限らないので，サインの意味を理解する場合，樹木画の全体的評価や他のサインとの関係で解釈しなければならない。

(3) 単線の幹と分離した幹

幼児や統合失調症者の中には，木を描くようにとの教示に対し，縦線を1本だけ描く者がいるが，多くの被検者は2本のラインを用いた幹と樹冠を描くのが普通である。しかし，中には図2－2や図6－8のように1本のラインを用いた「単線の幹」を描く者もいる。図2－2を描いた被検者が脳器質疾患者であり，図6－8を描いた被検者が統合失調症者であるように，単線の幹を描く者に幼児や脳器質疾患者や統合失調症者がかなり目立つと述べている文献もある。一般に「単線の幹」は既述のように，①未成熟性を表したり，②現実を客観的に検討する能力の喪失，③感情の否定，④精神的エネルギーの不足，⑤自信と決断力の欠如，⑥無力感などを示すことが多い。

また，幹は自然の状態では成長して先が一つになっているのが普通であるが，図6－9，6－10，6－11のように，幹の両側のラインがそれ

図6－8

第6章　幹

ぞれ上に伸び，互いに結合しないで，まるで幹の両端のラインがそれぞれ独立した枝（単線の木）のように見える「分離した幹」（上部が開放している幹）を描く被検者がいる。これは，①理性的判断と感情の均衡が失われていたり，②自我の境界があいまいになっていたり，③自我の防衛が破れて内的衝動が流出する危険を示したりしている。

図6−9の「分離した幹」は健康な精神状態の青年の描いた樹木画であり，樹冠が幹の上部を覆い，幹が直接的に外界と接合していない。し

図6−9

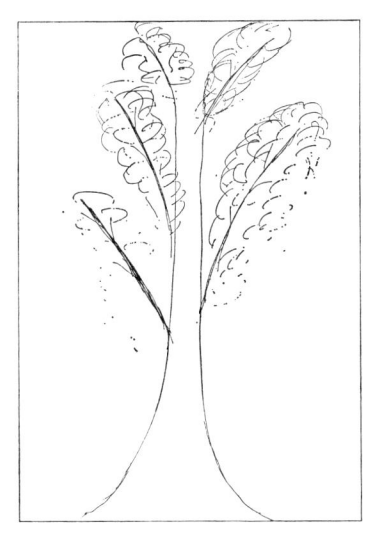

図6−10

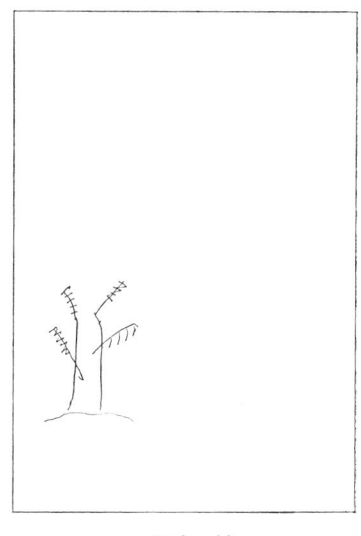

図6−11

かし図6—10と図6—11の「分離した幹」はどちらも統合失調症者が描いたものであり，幹が直接的に外界と接合している。通常「分離した幹」は適応を失っている人に生じるサインであるが，これらの樹木画からも分かるように，樹木画テストでは一つのサインだけからの解釈は適切でなく，他のサインと総合した全体的な解釈が必要であり，図6—9はそのよい例である。

2 傾斜した幹

図6—12のように「左側に極端に傾斜している幹」は，①母親，女性性，過去，感情の影響の強さを示し，②抑圧の機制が強く，③自己に関心を抱いたり自己愛が強く，④活動するよりも空想や芸術などに興味が強い被検者に多い。また，図6—13のように「右側に極端に傾斜している幹」は，①父親，男性性，客観的世界の影響の強さを示し，②発散の機制が強く，③社会に関心を抱き，④合理性と積極性を重視し活動的な被検者に多

図6—12　　　　　　　　　図6—13

第6章 幹

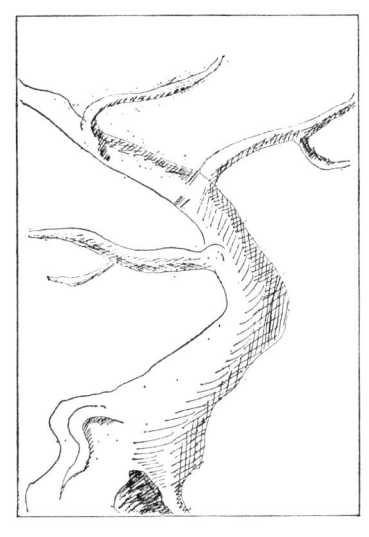

図6―14

図6―15

い。

　さらに図6―14や図6―15のように左右に著しく「蛇行した幹」は，成長過程において，外界から妨害されたために自分の欲求を実現できず，欲求を抑圧していて，幼児期に退行した衝動的行動を取ろうとしながらも，過度に統制していることが多い。わが国の被検者で「松」を描く者は図6―15（アルコール症の描いた樹木画である）のように蛇行した幹を描きやすく，「松」を描くことがこの特徴を示すことになりやすい。

　また，図6―16のように折れて先

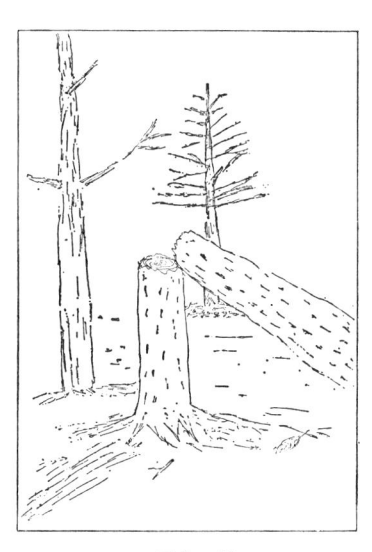

図6―16

端がなくなったり，地面についたりした「折れた幹」は，外界からの圧力や内的衝動を統制できず，自分が失敗したという挫折感を表現している。

3　幹と樹冠の比率

(1) 幹　の　長　さ

　幹の長さは情緒機能の程度を示すと考えられ，幹と樹冠の比率は，被検者の情緒生活に対する精神生活と理性や意識的な統制との関係を表している。

　図6―17や図7―3のように「樹冠が小さくて幹が長い木」（どちらも青年の被検者が描いた樹木画であり，子供が描いた場合は根元や根が描かれていないのが普通である）は，幼少期の子供には普通に見られ，子供が理性よりも情緒による生活を送り，性衝動が表に出ていないことを示している。知的障害の成人がこのような樹木画を描くこともあるが，他のサインからみて知

　　　　図6―17　　　　　　　　　　図6―18

的に問題がなければ，①退行した精神状態や，②情緒の未成熟性を示している。

図6−18のように「樹冠が大きくて幹が短い木」は，青年期の被検者に生じやすく，①理性や精神力を過度に評価したり，②大望や自信を抱いたり，③うぬぼれが強かったり，④理性によって感情を抑制しようとするために，⑤人間関係を適切に処理できない傾向を示すことがある。

(2) 幹　の　幅

幹の幅は，①外界に積極的に働きかけるか消極的かという自我の拡張性と，②情緒の深さを表している。図6−19のように，樹冠の幅に比べて著しく「幹の幅の広い木」は，①自己を主張しようとし，②自己本位な感傷性によって，理性よりも感情に支配されやすいことを表しがちである。

他方，図6−20のように樹冠の幅が大きくて「幹の幅の狭い木」は，①感情機能が十分に発達しないで，表面的な感じ方をし，②自分本位で共感性に欠け，③自我の弱い人であることが多い。

図6−19　　　　　　　　図6−20

4　幹と樹冠の接合点

　幹が下から上に伸びていき樹冠に移行する接合の仕方は，被検者の感情や内的衝動の流れと，理性や理念とが円滑に交流しているかどうかを示すと考えられている。

(1)　開　放　の　幹

　「分離した幹」は，樹冠の描写や示唆が見られず，幹が直接外界と接合し幹の内部が外界と直接的に交流する状態を示し，適応した被検者が描くことは少ない。しかし，ここで述べる「開放の幹」は幹と樹冠との接合点が開放された状態であり，適応した被検者に多く見られる樹木画であり，被検者の感情と理性が円滑に交流していることを表している。図5─13, 6─18, 6─20, 7─1などのように幹が樹冠の基部で開放した形は普通に見られる。また図5─14, 6─5, 8─19, 8─20, 8─22など，樹冠の内部で幹が開放的に描かれるのも，「分離した幹」と違って不適応のサインではなく，被検者の感情が理性の働きを豊かにしていることが多い。もっともこれが他のサインとの関連で，感情的な考え方に走るという否定的意味を持つ可能性もある。

(2)　半 開 放 の 幹

　図6─1, 6─19, 6─28などは樹冠と幹との接合点がややあいまいであり，樹冠が幹全体に覆いかぶさるような印象を与えることが多い。「半開放の幹」は，被検者が感情の自由な表出を理性で抑えようとする傾向や試みを示すと考えられる。

(3)　閉 鎖 し た 幹

　上記のように多くの被検者は幹と樹冠との間に明確な境界線を描かない

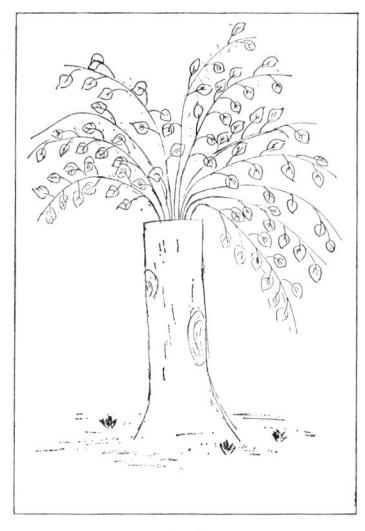

第6章　幹

図6-21　　　　　　　　図6-22

が，図8-3，8-8，8-9などのように樹冠の基部と幹の接合点を切断するように区切ったり，図4-6，5-18，6-2，6-6，7-3などのように樹冠の内部で幹と樹冠の連続性のない「閉鎖した幹」が見られる。「閉鎖した幹」は，①自由な感情の表出を恐れて抑制する傾向，②人間関係を感情よりも理性によって処理する傾向，③感情生活と精神生活の分離などを表している。とくに樹冠の内部での「閉鎖した幹」は，過去の外傷経験によって感情表出を避ける傾向を示しやすい。

さらに図6-21や図6-22のように幹とすべての樹冠の部分が連続しないで，生け花やつぎ木をしたようにみえる接合は，①理性（理想）と感情（現実）の間に矛盾があって，円滑で自然な行動をすることができず，②抑制を強く働かせているが，抑制に失敗しやすいことを示しがちである。

5　輪　郭　線

第4章で述べたように描画像のラインは，被検者の情緒を表すと考えら

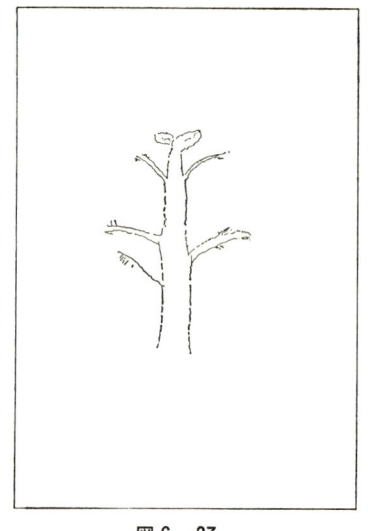

図6-23

図6-24

図6-25

れているが，とくに幹の輪郭線は，被検者が①自我の統合を維持する程度と，②外界や他人との接触の仕方を表すと考えられる。したがって筆圧が著しく強く濃い輪郭線は，被検者が自我の統合を意識しているのに対し，筆圧が弱く薄い輪郭線は，自我と外界との区別が明確でなく，急性の不安を有していることが多い。既述した所と重複するが，幹の輪郭線は次のように分類できる。

多くの被検者は適度の筆圧で連続した直線の輪郭線を用い，情緒が安定し，自信があって，他者との接触が円滑であることを示している。これに対し図6-23のように「不連続の破線」で描かれた輪郭線は，①不安が

強くて傷つきやすく，自信欠如，自己不確実，無力感などを示しやすいが，描画の他のサインとの関係から，②衝動性や興奮性を表すことがある。図6－23は統合失調症者が描いた樹木画であり，破線とラインの震えが目立ち，自己不確実や無力感を示している。また「重なって描かれた破線」の輪郭線（図6－24など）は，①感受性が強く外界への警戒心を抱き，②神経質で葛藤を有していたり，③完全癖があって強迫的できちょうめんな被検者に生じやすい。

図6－25のような「波型の輪郭線」は，①防衛的態度，②自己中心的態度を表しやすく，図6－13や図6－19のように「多くの垂直線を散漫に用いた輪郭線」は，①自我境界が明白でなかったり，②他者に同一化しやすかったり，③感受性や被影響性が強かったりする。

6　樹　　皮

樹木画における樹皮は幹の輪郭線と同じように，①自我の統合の程度と，②外界や他人との接触の仕方を表すが，とくに後者を示すことが多い。かなりの被検者は推敲されていない「空白の樹皮」（図2－3，4－5，5－3，6－22など）を描くので，他に注目するべきサインがなければ，空白の樹皮がとくに問題とはならない。しかし他のサインとの関係で「空白の樹皮」は，①自分の弱点を露呈しやすいことや，②空虚な精神生活や，③感情の鈍麻を表すことも多い。

多くの被検者は多少のラインや陰影を使用して樹皮を表すが，樹皮の状態に過度の関心を持って詳細に描いたり，強い陰影を用いたりして樹皮を推敲しすぎたりするのは，自分と環境との関係に不調和感を抱き，外界への防衛的態度が強いといえる。

図4－4のように「黒く塗りつぶした樹皮」は，①外界との接触に緊張感を持ち，②自己を防衛しようとして他人が自分の情緒面に近づくのを拒否する被検者に多く，③時には幼少期への退行傾向を示唆することもあ

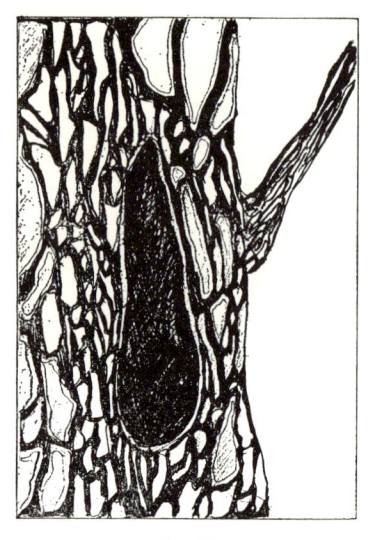

る。また「うろこ状の樹皮」（図6
—26）は、①幼少期になんらかの外
傷経験を持ち，②他人が自分の情緒
生活を脅かすという恐れを抱き，③
外界への警戒心を示すことが多い。

　図6—27（図4—8もこれに近い樹
木画である）のように幹の上部から根
元まで丁寧に描かれた「長い垂直線
の樹皮」は，①自分の精神的エネル
ギーや衝動を統制しようとの努力を
示したり，②外界からの侵入を強く
防衛しようとの試みを表したりする
が，③硬すぎて可塑性を欠くパーソ

図6—26

ナリティや，④分裂気質を示したりする。なお統合失調症初期の患者の中
にこのような樹皮を描く者がかなり見られるようである。また図6—28に

図6—27 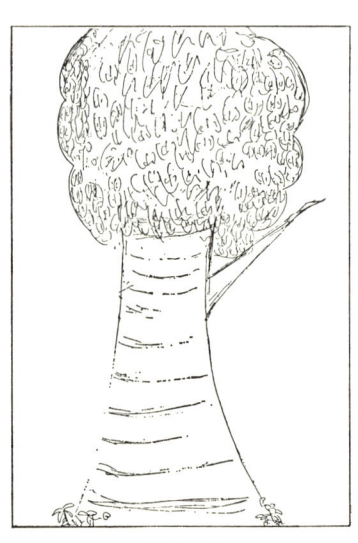　　　　　　　　図6—28

見られる椰子の木の樹皮のような「水平線の樹皮」(図6-7はその傾向のある樹皮である)は，衝動と理性を分離しようとする硬いパーソナリティの被検者であることが多い。

なお「うろこ状の樹皮」と関連するが，「うろこ状で，荒く，角ばって，ぎざぎざした線の樹皮」は，①粗野，②頑固，③不満，④怒り，⑤感受性，⑥警戒性などを示しやすいといえる。また，これと反対に「丸く弧を描き，曲線の多い樹皮」は，①他者との円滑な接触の欲求，②外界に適応しようとの欲求を表しがちである。

また，樹皮の修飾で，「幹の左側につけた陰影」(図5-2，6-20など)は，左の強調という点で①内向性や夢想性，②感受性，③自己抑制を示すが，時には左の拒否という意味を持って④母親や女性性への抵抗を表すことがある。また「幹の右側につけた陰影」(図6-14，8-19など)は右の強調という点で，①外向性，②積極性を示すが，時には③父親や男性性の拒否を表すことがある。

7 傷跡，節穴，うろ

木の幹に汚れやしみを描いたり，傷跡，節穴，うろ(かなり大きい穴)などを描くのは，①不安の存在や，②過去に愛する人と別離したり重病にかかったりしたなど，環境が激変したための心理的あるいは生理的な外傷経験を表すが，③描かれた穴が女性の生殖器を象徴したり，④子宮や胎内を表して母親や家庭を象徴することもある。そして汚れ，しみと異なり，傷跡，節穴，うろは，被検者自身がその経験をかなり意識していることが多く，傷跡などが幹の下方に描かれているのはかなり以前の経験を，幹の上部に描かれているのは最近の経験を表すことが多い。

「汚れ」や「しみ」(図6-12，6-13，6-16をはじめとして，これまで図示した樹木画にかなり多くみられる)は，直ちに不適応の表れといえず，むしろ①客観的観察力や，②適切な感受性を表すことが多く，他のサインとの

関係によって③不安の存在を示すようである。

　他方，図6－2，6－6，6－21など円や楕円で示した「傷跡」も，「汚れ」や「しみ」と同様な意味を有している。そして傷跡が樹皮の表面の状態として簡単に描かれたり，「傷跡」の中に円がたくさん描かれているのは，不安や外傷経験があったにしても，それが過去のものとなり，被検者のショックがいやされていることを示している。時に「菱形の傷跡」を描くことに，性的関心を象徴する被検者も見られる。また「傷跡」や「節穴」を意識して詳細に描く被検者は，外傷経験のショックが大きくて強いことを示している。なお思春期の被検者（とくに女性）は，単線で描いた円や楕円の「傷跡」（図5－4，5－14など）を描く者が多く，性的経験や性的関心を表すようである。

　しかし図6－29のように「輪郭線がくぼんだ傷跡」や図6－30のように丁寧に推敲して描かれた「節穴」は，上述のように，①強い不安，②外傷経験のショックの持続，③性的問題などを象徴している。なおBolanderは図6－29のように「幹の右側がくぼんだ傷跡」は，女性が近親者に性的

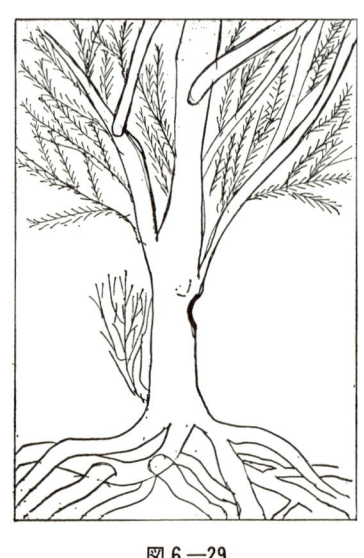

図6－29　　　　　　　　　図6－30

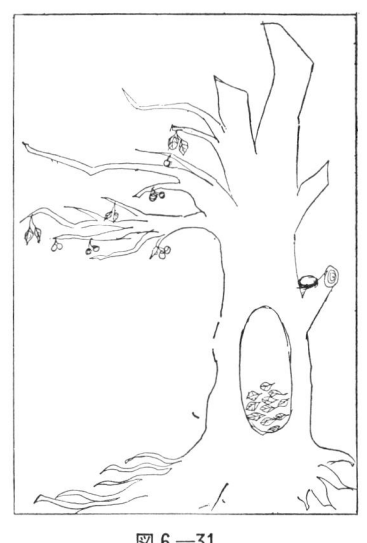

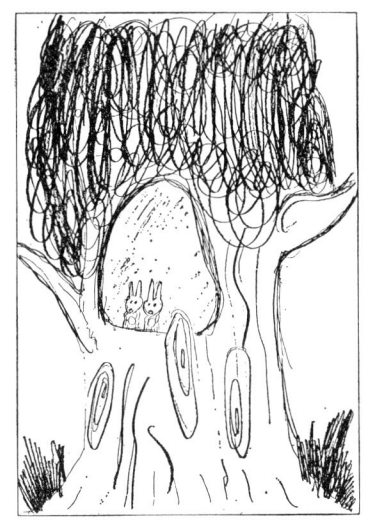

第 6 章　幹

図 6 —31　　　　　　　　図 6 —32

関心を抱き，罪責感を有していることを示すと述べている。

　さらに図 6 —31のような「うろ」を描く被検者は，図 6 —30のような「節穴」を描く被検者よりも，過去の外傷経験に捉えられていて，適応した生活を送れないことが多い。しかし「うろ」は子宮や胎内を表すことも多く，図 6 —31や図 6 —32などはこの例である。図 6 —32のように「動物のいるうろ」は，成人よりも子供がよく描く樹木画である。子供は幹を家，母親，自分の内的世界と感じ，「節穴」や「うろ」をその入り口と考えているようであり，うろの中の「動物」に①母親に依存した自分自身を象徴したり，②このような状態への憧れや引き込もり傾向を表しがちである。成人がこのような樹木画を描く時は，①現実世界から逃避しようとする退行傾向や依存性を示したり，②自我の統制力が弱まり自分が崩壊しそうな恐れを表したり，③子供を生んだり育てることを好ましいと思いながら苦しみと感じるような両価性（子供を肯定的に眺め，うろを否定的に眺める）を象徴しやすい。

第7章 根 と 地 面

1 幹の根元と根

　根は大地に根づき，幹や樹冠を支え安定させる部分であり，樹木に必須の部分であるが，その大部分は地面の中に存在して見えないので，幼児以外の被検者が地面の中の根を描くことはない。多くの被検者は幹の根元が膨らんだ形で根の存在を示したり，地面上をはっている根を描いたり，根の存在を示唆するために地面や地面を象徴するラインを描くものである。根や幹の根元は，①大地に示される現実との接触の仕方，②過去，家族，社会に根づく自我の安定性の程度，③無意識の欲求や精神的エネルギーの強さと受容度などを表すと考えられる。

　(1) 根も地面のラインもない木

　図6-23のように，幹の根元が不明確で根も地面のラインも描かれていない樹木画は，①宙に浮いているような不安定感，②拠り所のない不安や自信の欠如，③性衝動や攻撃衝動などの無意識の衝動を適切に統制できない状態を表すことが多い。

　(2) 幹の根元だけを切断したライン

　図5-13，5-14，6-22などのように，幹の根元だけを切断したように描かれたラインは子供によく見られ，青年期以後の被検者では，①自分に直接関係のある現実を意識しすぎて無意識の衝動を否定しようとしていたり，②現実世界が自分の力を十分に発揮させないという不満や敵意を有していたりする。

　図7-1は幹の根元で切断され，根も地面のラインもない特異な樹木画

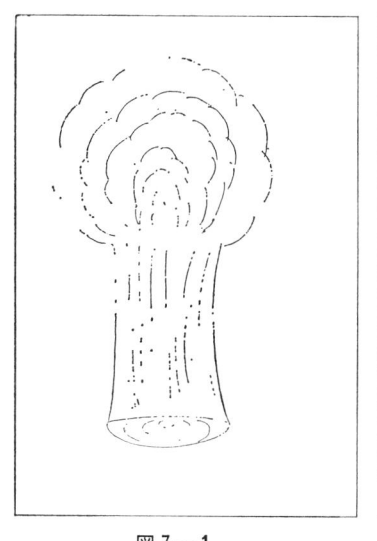

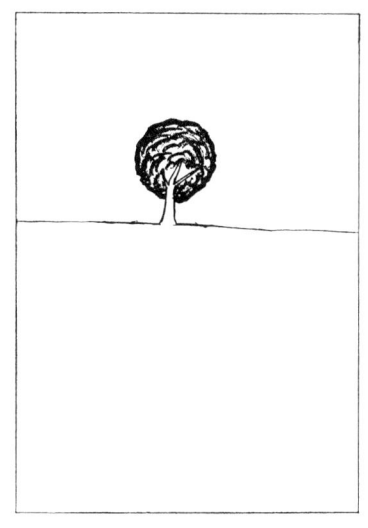

第7章　根　と　地　面

図7-1　　　　　　　　図7-2

であるが，発熱を訴えて登校を拒否していた女性の被検者が描いたものである。

(3) 幹の根元が地面と連続した木

　幹と根元と根が地面のラインに連続した図7-2のような樹木画は，根元が不明確で地面のラインもない樹木画よりも，安定した精神状態を表している。しかしこのような樹木画は，①自分自身についての明白な意識を持てなかったり，②物事を客観的に捉えることが困難であったり，③自分自身の本能領域や内的衝動（たとえば性衝動など）によって自分が不安定になることを恐れ，それを抑圧するために根を水平方向に伸ばしていると考えられる。

(4) 地面上の根の示唆

　多くの被検者は根を明確には描かず，既述のように幹の根元をやや太く描いたり，根元に簡単な陰影を付けたりする。しかし，幹の根元に関心を

払い，これを過度に推敲したり強い陰影を付けたりする被検者は，自分のパーソナリティの安定性についてなんらかの関心を抱いていることが多く，①拠り所を失うのでないかという不安を抱いていたり，反対に②自分の安定性を示そうとしていたり，③衝動，性欲求，攻撃性，精神的エネルギーを抑圧しようとしたりしている。

　図5—1，5—2，5—4，8—7などのように，幾つかのラインを付け加えて根元を適度に推敲して描き，根の存在を示唆する被検者はかなり多い。このような被検者は無意識の領域からの精神的エネルギーを適切に受け入れ，安定した精神状態にあることを示している。

　また図6—15や図6—30のように地面に食い入るように「爪のような根」を描く被検者は，①現実世界への攻撃的態度や，②現実から自己が逸脱しそうな不安を有していることが多い。しかし，爪で地面に食い入るような印象を与えず，地面をはっているように描かれた「平坦な形の根」（図5—3，6—16）は，無意識の衝動に左右される不安を感じながら，心の安定を維持しようとしていることを表している。

　　(5)　根　の　描　写

　地面とともに地中にある根を詳しく描くのは「透明性」（図4—6）を表し，子供の樹木画には時々見られるが，成人では現実吟味力の欠如を示す特異サインであり，統合失調症者や脳器質疾患者が描きやすい。したがって地面の中にある根が描かれた場合，透明性のところで述べたように，被検者がどのように考えて描いたのかに留意する必要がある。図6—17の樹木画も透明性を示すように見えるが，幹が空白でなく，描画全体の推敲がなされ，被検者は地面の上をはっている根を描いたと述べている点などで図4—6と異なっている。

　根が樹木全体に比べて釣り合いがとれず，図7—3のように不釣り合いに「大きすぎる根」は，無意識の衝動や精神的エネルギーが強く，被検者がこれに動かされていることを表している。これに対し出現頻度は少ない

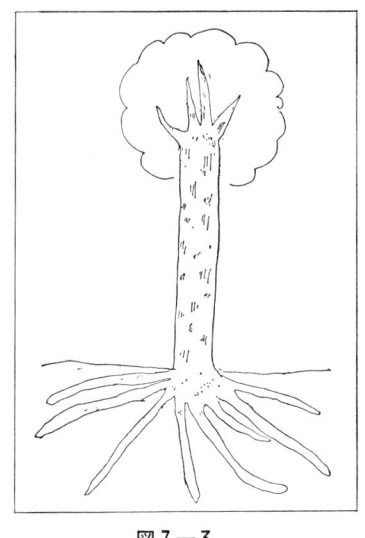

第7章 根と地面

図7-3 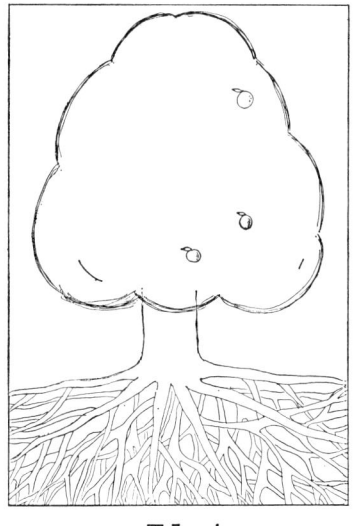　　　　　　　　図7-4

が，図5-1のように幹の幅よりも広がらない「集約した形の根」は，①自分の拠り所に関する違和感や不快感，②無意識の衝動についての葛藤，③その葛藤を処理できない無力感などを表している。

　また，二線で描かれた木の根は二線で描かれるが，時にはさらに細かい根を表すために，図4-6や図6-17のように一線（単線）の根を付け加え，「細分化した根」を描く者もいる。これは，①自分の無意識の衝動に気付いていたり，②完全傾向，③強迫傾向，④鋭い観察力などを示している。しかし，二線の木の根に二線の根を描かないで，「一線（単線）の根」だけを描くのは，無意識の領域がパーソナリティ全体に統合されず，無意識の衝動に支配されていることを表している。

　多くの被検者の描く根は交差していないし，根が細かく分かれることもないが，図6-29や図7-4のように「交差した根」は，①錯綜した本能の存在を示したり，②無意識の特定の衝動（たとえば攻撃性）が他の衝動（たとえば性欲求）を支配していることを表している。

　まれに図7-5のように地面の上にある幹から1本だけ「孤立した根」

を描く被検者がいる。このような根についてBolanderは，それが二線の根で左側から出ている場合，母親との共生関係を求め，一線（単線）の根の場合，母親を拒否しようとすると述べている。そしてこの図のように「右側に描かれた孤立した根」は，男性の場合，父親の男らしさや性的行動に印象づけられ，父親と同一化しようとし，女性の場合は幼少期に父親や兄弟の生殖器に印象づけられた経験を表すと述べている。な

図7－5　おこの樹木画は思春期の女性が描いた木であり，その成育歴からみてBolanderの意味づけが妥当と考えられたものの，外国の研究者の見解をそのままわが国の被検者に適用できるかどうかについては，これまでにも述べたように問題が残っている。

また図6－14のように「陰影のある根」は，不安や不安定感を示すし，まれに描かれる「枯れた根」は，①現実との接触を喪失しないかという恐れ，②意欲の喪失，③強迫傾向などを表しやすい。

2　地　　面

地面は木の幹から根に移行する部分であり，被検者が生活している直接的環境を示している。したがって木に象徴される自我が現実とどのように関係しているかを，被検者が意識的あるいは無意識的にどのように認知しているかを表している。

第7章 根 と 地 面

(1) 地面のラインの位置

　ＨＴＰＰテストの家屋画や人物画で地面を描かない被検者でも，樹木画に地面を描く者は多い。しかし，地面の存在を過度に配慮して，地面のラインを強く濃く描いたり，推敲したりする場合は，①被検者が不安や不安定感を抱き，②依存欲求が高まり自分の拠り所となる枠組みを求めていることを表しがちである。

　「用紙の下を地面と見た木」（図6―10, 6―28など）は，地面のラインを示唆しないで，用紙の下縁を明らかに地面とみなし，ここから木がはえているように描いた樹木画である。このような木も，①不安や不安定感を示したり，②抑鬱気分を表したりしやすい。

　多くの地面のラインは図4―5, 5―16, 6―25, 6―30, 7―5などのように幹の根元に描かれ，①現実を適切に処理し，②精神が安定し，③衝動を統制していることを表している。被検者の中には地面のラインを幹の根元より高い位置に描く者もいる。これが図5―8, 6―2, 6―21のように風景としての距離感を示すために描かれている場合は，幹の根元に描かれた地面のラインと同じ意味を持ち，さらに④洞察力を示唆したりする。

　しかし幹の「根元より高い地面」が図5―3, 6―7, 6―12のように，たんなるラインとして描かれ，木の根元よりかなり高い位置に描かれ，距離感を表すにしても不均衡な印象を与える樹木画（この中では図6―7がこれに近い）は，①現実を理論よりも感情で処理したり，②自分の希望の実現が遠くにあると感じ，それを憧れていたり，③現実環境に支配され自分は受動的かつ消極的であると思っていることが多い。

　またまれに見られる例として，これと反対に地面のラインが幹の「根元より低い地面」として描かれ，木が空中に浮いているように描かれることがある。これは既述の「根も地面のラインもない木」と同じように，①現実を離れ宙に浮いているような不安定感，②拠り所のない不安や自信の欠如，③無意識の衝動の処理の困難さを表している。

(2) 地面の傾斜

　地面のラインは通常，水平線で描かれ，被検者が接触する環境が平坦であることを表している。地面のラインが傾斜しているのは，被検者が①心理的地位に不安定感を抱いたり，②外界への不信感を持ったりして，③慎重な態度を取り，④積極的に現実に順応しようとしないことが多い。

　そしてとくに図4－4や図5－24のように右の方が上がり「左に傾斜した地面」のラインは，①未来に期待を持っていたり，未来に向かって努力させられていると感じたり，②現実を肯定的に希望を持って眺めていることを表すという研究者が多い。また図7－6のように左の方が上がり「右に傾斜した地面」のラインは，①未来が危険と感じて過去に退行する傾向や，②自分の拠り所となる現在が崩壊する不安を表すといわれている。

　また地面のラインが水平線でなく，図6－5や8－15のように弓状になった「岡のような地面」のラインを描くのは，①孤立感や孤独感，②

図7－6

図7－7

第7章 根 と 地 面

強い口唇的欲求を持ち，保護者として女性性を求める傾向や，③自分が他人よりも高い位置にいるという自己満足感や自己を露出する傾向を表したりする。この場合，図6－5のように樹木のサイズが小さい時は，自分が孤立して無力であり依存したいという欲求が強く，図8－15のように樹木のサイズが大きい時は，自己の存在を誇示する傾向を示しがちである。

さらに図7－7のように木の周りを「円で囲ったライン」で描くのは，①引き込もり傾向，②孤立感を表すことが多い。

(3) 地 面 の 修 飾

多くの被検者は地面を表すのにラインを用いるが，これまでの例のように直線で示されたラインは，被検者が直接関係のある環境と自分のつながりに一応気付きながらも，わざわざそれを意識して取り上げていない。しかし直線のラインの代わりに破線や陰影で地面を示すのは，①被検者が周りの環境から支持されているという感じや，②衝動を適切に環境に合致させようとしていることを表しがちである。さらに図7－8などのように奥行きを与えるような複雑な地面の描き方は，環境の中の自分の位置を明確に意識していること

図7－8

を表し，「草」や「叢」や「花」が木の根元を隠すように描かれているのは，①自分自身の衝動を意識し，環境との妥協をはかっているだけでなく，②この無意識の欲求を他人に気付かれまいとし，他人から隠そうとしている可能性もある。

第8章 樹冠，葉，枝

1 樹　　冠

　木の幹の上部は，茂った葉や分かれた枝などによって樹冠を形成している。樹冠は，①目標，理想，興味などとそれに関する自尊心や自己評価，②内的衝動や感情を統制する理性や精神生活（空想生活），③家族，友人，社会などの人間関係への意識的な態度などを象徴することが多い。

(1) 樹冠の形

　たいていの人はラインや陰影を適当に使い，上下左右の均衡のとれた形の樹冠を描くことによって，①適切な自己評価を行い，②自尊心を持ち，③理性によって自己を適切に統制し，④人間関係を適切に処理していることを表している。

　しかし，図6－20のように，樹冠の左側に強い陰影をつけたり極端に大きく描いたりするなどして，「左側を強調した樹冠」は，①内向的で思慮深かったり，②些細なことを気にしたり，③過去にこだわったりする被検者に生じやすい。他方，樹冠の右側を極端に大きく描いたり強く陰影をつけるなどして，「右側を強調した樹冠」は，①外向的で注意力を欠いていたり，②自信家であったり，③未来に期待を持つ被検者が描きやすい。

　また，図8－1のように上から押しつぶされたように，上部が平たくなり「横に広がった樹冠」は，外界からの圧力や過度の期待によって，自分の目標の実現が妨げられ，自分の能力を十分に発揮できないとか，外界からの圧力に屈従していると感じていることを表している。

　これに対し図4－3のように「垂直楕円の樹冠」は，図4－4のような「縦長三角形の樹冠」と同じように，①宗教や芸術などの精神生活のため

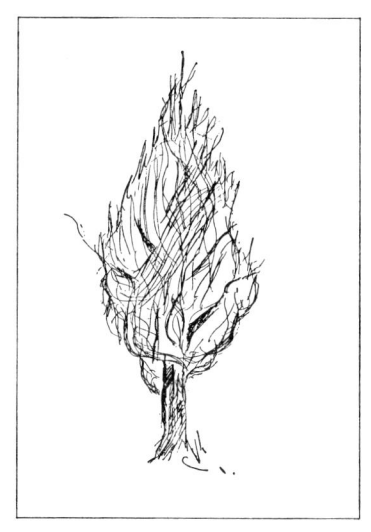

第8章 樹冠，葉，枝

図8－1　　　　　　　　図8－2

のエネルギーや感情を抑圧したり，②要求水準や自信が高かったりすることを象徴する。この場合「縦長三角形の樹冠」で枝が下方に垂れた方が，①理性による情緒の抑圧が強く，②着実で一貫した行動様式を取れるか，あるいは③人間関係で円滑さを欠き，④行動様式が硬く外界への適応を失いやすい。

　この二つの樹冠の形と似ているが，上方に伸びる枝を強調した図8－2の「炎のような樹冠」がある。この形の樹冠も要求水準や自信の高さを表し，積極的に自己を表出しようとするが，「枝が垂れた樹冠」と違って感情が理性に打ち勝ち，論理よりも感情が目立ち，熱狂的で一貫性のない行動様式を取りやすい。

　また「四角形の樹冠」（図5－18がこれに近い）は，「三角形の樹冠」よりも家族や社会の期待に合致した行動を取ろうとする保守性を示し，形式的な人間関係を重んじる傾向を表している。

　樹木画では図5－14，6－2，7－1，7－2などのように，ほぼ円形で周りが雲や綿菓子のような波型になった「雲型の樹冠」が描かれやすい

が，これは①豊かな感受性，②丁重さ，③同調性を示すが，④空想に耽りやすく現実を逃避したり，⑤月並で形式的に行動する傾向も表すようである。

「円形の樹冠」は子供に多く，精神発達の未成熟性を示しやすい。とくに樹冠が円形で幹が電柱のようになった「かぎ穴の木」（図6－1の形）は，反抗期の児童の樹木画によく見られる。成人でこのような木を描き，図6－1と異なって推敲されていない場合，①硬いパーソナリティ，②敵意，③衝動性を示しやすい。

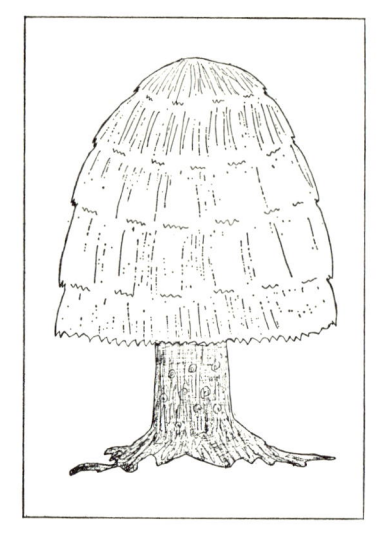

図8－3

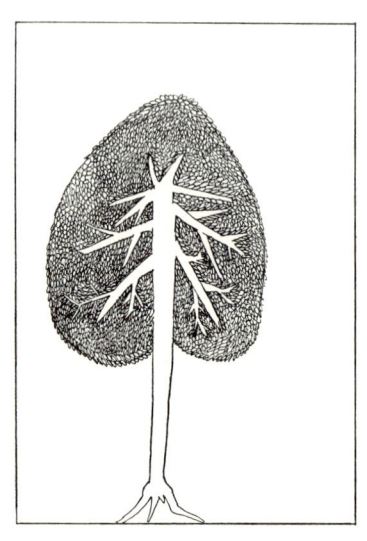

図8－4

図8－5

図8−3のような「半円形の樹冠」は，「柳」(図5−10) に似た形となり，①過度に自分の欠点を考え，②外界よりも自分の世界に遠慮深く生きようとし，③内向的で引き込もりがちの人にみられやすい。

また図8−4のように「樹冠の両側が垂れた木」は，①理性よりも感情に動かされ，②意志が弱く決断力に欠けることを表している。

図7−8や図8−5のように樹冠が一つでなく，「多くの領域に分化した樹冠」は，①絵画の才能のある人の樹木画に生じやすいが，②自分の考えをそのまま表出することを避け，③状況に応じて用心深く現実と接触していこうとする人に生じやすい。

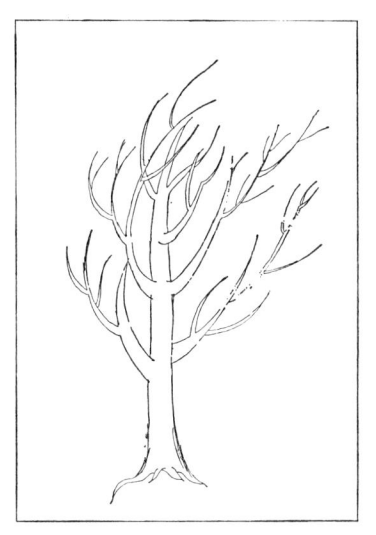

図8−6

なお時々，「一部分の欠けた樹冠」を描く被検者がいる。これは被検者が欠如した部分の象徴するものを否定したり抑圧していることを示すので，第3章で述べた空間の象徴性を念頭に置き，描画後の質問を行ったりして，何を否定したり抑圧しようとしているのかを確かめねばならない。

さらに幹は垂直でありながら，外部の力によって「歪曲した樹冠」は，その力が加わってきた方向の意味する空間の象徴性を考える必要がある。たとえば図8−6のように，風によって左から右の方になびいた樹冠は，①不安定感のほかに，②母親や女性性や過去などに支配され圧力を受けていることや，③他人や社会に関心を向けさせられていることを表すと考えられる。

(2) 茂みの修飾

多くの被検者は適切な筆圧で樹冠の輪郭を描き，茂みの内部を適度に推敲するが，中には樹冠の茂みの輪郭を強いラインで明確に描き外界と樹木を区画する者と，輪郭をあいまいに描く者とがみられる。通常，「強すぎる輪郭線の茂み」は，①自己の存在を明確にしようとし，②外界との交流が円滑でないことを表したり，③自己を環境から切り離して空想世界に住もうとすることを表している。

図6－4や図8－7のように漠然とした非常に「乱雑な輪郭線の茂み」は，形の崩れや他のサインとの関連によって，①強い精神力，②生産性を表したり，③不安定な精神状態，④自己と外界を適切に判断できない状態，⑤無計画性，⑥衝動性などを示している。

図5－18，6－6，7－3のように茂みの輪郭を明確に描き，内部が「空白の茂み」は，①外界の基準を意識しているが，②精神生活が空虚で，③明確な目標を持たず，④自尊心に欠けることが考えられる。多くの被検者

図8－7　　　　　　　　　図8－8

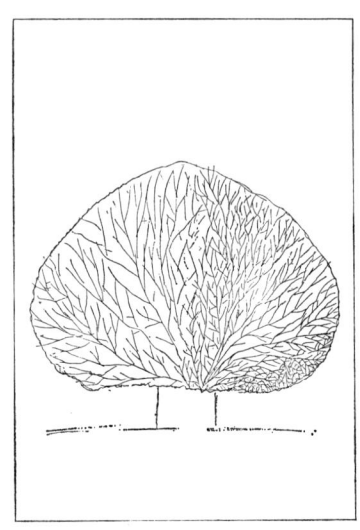

第8章　樹冠，葉，枝

は多少の陰影をつけた茂みを描き，空白の茂みよりも豊かな精神生活を持つことを示すが，既述の図4－4のように「黒く塗りつぶした茂み」は，①被検者が防衛的に自己を隠そうとしているか，②抑鬱気分のために自己を正しく評価できなかったり，③自己中心的な引き込もり状態にあることを示しやすい。

　図8－8のように樹冠の輪郭が明白で，内部の枝が骨格のように描かれた「骨組みのある樹冠」は，①他人に遠慮がちで，十分に交流できず，

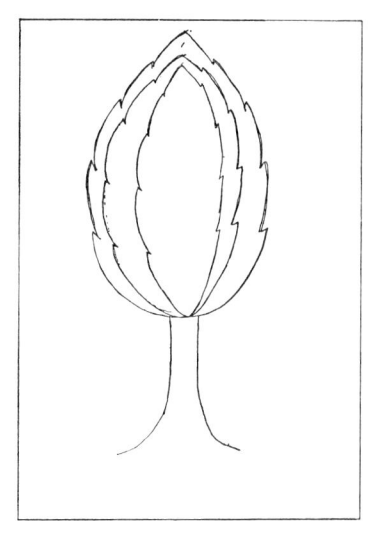

図8－9

②自己への忠実性を欠き，不正直な傾向を示すといわれている。
　さらに図7－1や図8－9のように「同心円的な樹冠」も時に生じる。これが図7－1のように円形に近い場合，①自己中心性，②自己満足，③内向性，④引き込もりを示し，図8－9のように垂直楕円形の場合は，自己中心性の傾向が少ないと考えられている。

2　葉 と 茂 み

　樹冠の茂みを表すために，葉を描いたり葉を示唆する被検者はかなり多い。第5章でも述べたように，葉は樹木と外界との間の緩衝となる部分であり外界と直接接触する部分であるから，①感覚器官，②精神的エネルギーの強さ（若さ），③外界への好奇心と外向性，④外界からの被影響性，⑤自己の保護，⑥外見や装飾を象徴する。
　したがってたんなる陰影でなく，図6－9，6－24などのように幾つかの葉を描いて茂みを表すのは，①鋭い観察力と感受性，②外界への関心や

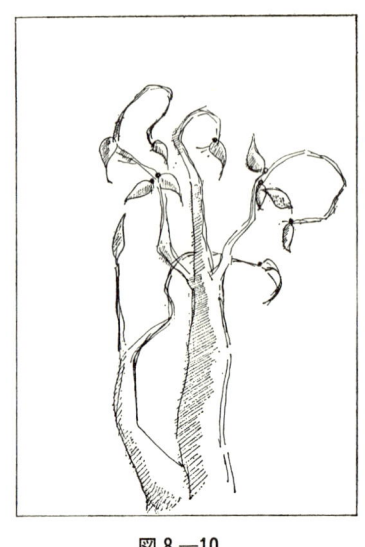

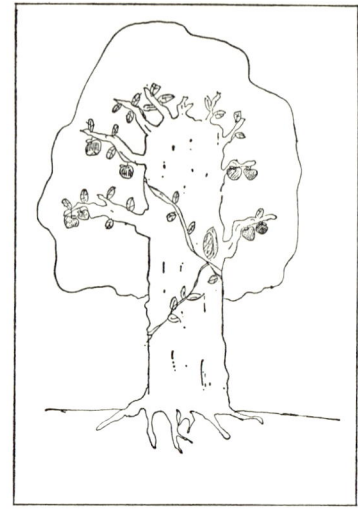

図8−10   図8−11

好奇心の強さ，③被影響性の強さ，④自己を飾り他人から認められたいという欲求の強さなどを示している。さらに樹冠の輪郭を描かないで，詳細な葉を丁寧に描いた「葉の茂みのある木」（図5−1，5−16など）は上述の傾向が強く，46頁で触れたように，①外界からの影響を受け入れて自分の中に取り入れたり，②生産的になろうと望んでいたり，③自己を顕示しようとしたりするが，時には④強迫傾向を表すこともある。同じように葉を描いても，図6−29のような「針状の葉」を描く被検者は，攻撃性や行動化の傾向を有していることが多い。

　また図5−20や図8−10のように木や枝に比べて「大きすぎる葉」を描く人は，無力感を抱きながらも表面的に適応していることが多い。図4−1や図6−25のように「葉の散る木」は，①感受性の強さや，②社会の要求に同調できないという感じや，③自分の考えを隠しておけない気持ちや，④外界の圧力により自我の統制力を失ったことを示すが，時には⑤自己の存在を誇示していることもある。

　さらに図8−11のような「つた」は，葉と同じような意味を持つが，①

生命力，②不滅（再生），③野心，④女性性，⑤依存性を象徴している。

地面に描かれた「花」は，既述のように，自分の姿（衝動）を隠そうとすることが多いのに対し，木に描かれた「花」は，①自己顕示や自己賛美，②若さの強調や若さへの期待，③外面的な体裁や外見への関心を示している。さらに木に描かれた「つぼみ」も，①肯定的な期待，②若さや回春への期待を示すといわれている。

3 枝

樹木画テストで，樹冠と幹と根の存在を示唆する根元を明白に描きながら，枝を描かない被検者はかなり多く，樹冠が描かれているなら枝の省略はとくに問題とはいえない。枝は樹冠を形成する部分であり，樹冠と同じように①目標や理想の方向，②家族，友人，社会などの人間関係での相互作用，③外界と内界との精神的交流の円滑さ，④環境から満足を得る可能性などを象徴している。

(1) 枝 の 形

樹木画テストで通常描かれる枝は，おおむね平行した二つのラインで先の方が細くなった二次元の枝（二線枝）であり，被検者が内界と外界との精神的交流を円滑に行えると感じていることを表している。

このような平行線でなく，途中が「くびれたり膨れたりしている枝」（図6-14，6-25，8-13など）は，精神的エネルギーが円滑に流れていかないことを示し，①欲求や感情の鬱積，②抑制や，③それに伴う発散を象徴しやすい。図8-12のような幹も同じことを意味するが，既述のように幹の下方にある場合，幼少期の外傷経験を示すことがある。

また，図8-13の一部の枝にみられるような，「先が太くなった枝」や「棍棒のような枝」は，外界からの影響を受けやすいことを示し，①外向性，②被影響性，③無思慮，④敵意，⑤抑制の欠如などを表している。中

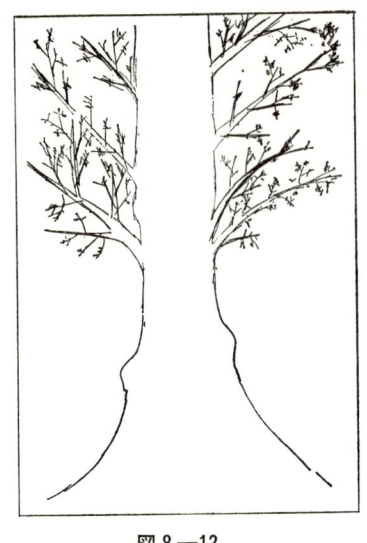

図 8 — 12　　　　　　　　図 8 — 13

には「男根の形の枝」を描く者もいるが，これは①性への関心や，②男らしさの欲求を示したりする。

　図4 — 5，5 — 3，7 — 7などのように「先のとがった枝」は，①敵意や攻撃性，②感受性のどちらかを意味することが多い。

　「一次元の枝」（単線の枝：一線枝）が枝分かれした小枝（図4 — 1，5 — 3，8 — 12など）として描かれるのは問題とならないが，図4 — 3，6 — 21，8 — 8などのように二次元の幹から直接出ている単線の枝は，①不適切感や無力感，②不適当な満足の追求，③外界との接触の回避，④自信と決断力の欠如を示しがちである。

　また，枝は真っ直ぐに伸びていく形で描かれ，被検者の精神的エネルギーが妨げられることなく，自由かつ円滑に内界と外界を流れていることを表している。しかし図8 — 13の枝の中に見られるような「角のある枝」と，図6 — 27のような「滑らかに曲がった枝」の持つ意味は対照的である。つまり「角のある枝」は，精神的エネルギーの流れの方向が急激に変化することを示し，①自己主張や，②強い意志を示したり，③鈍感，④頑

第8章　樹冠，葉，枝

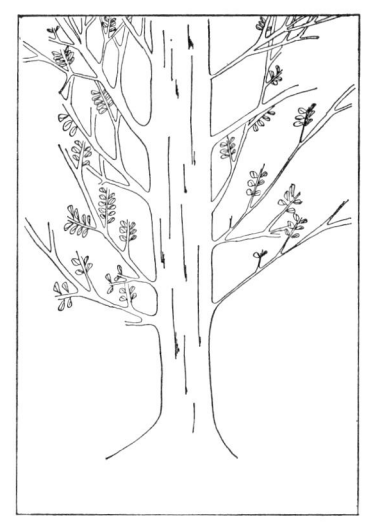

図8—14　　　　　　　　図8—15

固，⑤分裂気質を表している。これに対して「滑らかに曲がった枝」は，自己の精神的エネルギーを円滑に通わせることに努力していることを示し，①可塑性，②社交性（これらは時に自己欺瞞となる）を示したり，③強い感受性，④従順性，⑤循環気質を表したりする。

　描かれた樹木画の中に，こうした形の枝が一つ二つあるから，直ちに上述のことがいえるとはかぎらないが，時にはその一つ二つのきわめて特殊な形をした枝の存在する位置を空間の象徴性から考える必要もある。

　さらに現実の枝の先は閉じているが，枝の先が閉鎖しないで図8—14のように開放している枝，とくに樹冠の輪郭を描いていない「開放の枝」は，「分離した幹」と同じような意味を持ち，①自己と外界との境界のあいまいさ，②現実吟味力の低下，③決断力の欠如，④感情の統制の失敗，⑤落ち着きなさなどを示しやすい。しかし図8—15のように樹冠が描かれるなど，他のサインとの関係から，「開放の枝」が，①探求や発見への意欲，②興味の多様性，③現実肯定の態度を表すこともある。

(2) 特殊な形の枝

　被検者の中には，図4－8のような「切り取られた枝」や，図5－6のような「折れた枝」，図6－31のような「切り込まれた枝」，図6－16の中に見られる「落ちた枝」などを描く者がいる。

　この中の「切り取られた枝」は，①外界からの圧力によって自分の能力が妨げられ，②外傷経験，③無力感，④去勢不安などを有していることを象徴したり，「折れた枝」は失敗感を表したりするが，どちらも自分の力を発揮できないという阻害感を示している。また「切り込まれた枝」（枝の端を直線で直角に閉じた絵）は，①衝動の抑制，②不全感，③外界との交流の障害などを表している。なお子供の樹木画では，この「切り込まれた枝」を幹の左右に対称的に描くことがよくみられ，成人でこのような樹木画を描くのは，幼児期への固着や退行を示すといえる。そして「落ちた枝」は，環境からの圧力を処理する能力を失った気持ちを表している。

　さらに図6－28や図8－16のように樹冠の下の低い所から出た「1本の枝」が描かれるのは，子供の樹木画に多いことから，①退行傾向としての幼児性を表し，状況に合わない突飛な行為をしやすいことを示している。また，この不釣り合いな枝は，②過去の計画や出来事を象徴すると考えられ，③実現できなかった幼い頃の計画や愛情体験を表すという研究者もいる。そしてこの枝が枯れていたり，切り取られたりする時や，一線枝の場合は，被検者がその出来事や計画を棄ててしまったことを表し，図8－16のように葉がはえてい

図8－16

第8章 樹冠, 葉, 枝

る枝の時は, 過去の出来事や計画が現在の生活に影響を及ぼしている可能性が強い。

(3) 枝の方向と接合点

　枝が伸びる方向は目標に向けて精神的エネルギーが流れる方向を表し, 活動性や意欲のある被検者の描く木では, 幹から出た枝や, 大きい枝から出た小枝は横に広がりながら上方に向かうのが普通である。これは被検者が現実と空想の両面において満足感を抱き, 適切に環境と交流し, 安定した生活を送っていることを示している。

　しかし幹と枝との間や, 枝と枝との間の通路が開放されないで「閉鎖している枝」（図4－5, 6－22など）が多いのは, 精神的エネルギーの流出が阻害されていることを示している。

　図5－3, 5－21, 7－7, 8－2などのように「上方に伸びることを強調した枝」は, ①感情が高揚しやすく, ②活動的で, ③抑制力を欠いていたり, ④現実を無視し, ⑤空想に耽り, ⑥物事に熱中したりすることを表しがちである。

　これに反し,「下方に向かう枝」（図6－15, 6－21, 8－4, 8－15など）は, ①失敗感, ②喪失感, ③葛藤の存在, ④わがまま, ⑤一貫性の欠如など不適応な状態を示すことが多いが, 中には⑥強い意欲や, ⑦可塑性を示すこともある。さらに「垂れ下がった枝」は, ①外界からの影響を受けやすく, ②無気力で疲労しやすく, ③従順で抵抗力がなく, ③抑鬱感などを示しやすい。しかし, このような下方に向かったり, 垂れ下がった枝で, 幹や他の枝との接合点が閉鎖されているのは, 不適応状態を無意識裡に解決しようとしているので, 開放のままの枝よりも適応していると考えられる。このような点については, 繰り返し述べるように, あるサインが一つ二つ存在しているからといって, 過度の解釈を行ってはならない。

　「左側を強調した枝」は情緒的満足を強く求め,「右側を強調した枝」は情緒的満足を避けたり遅らせ, 知的な満足を得ようとする傾向を表すが,

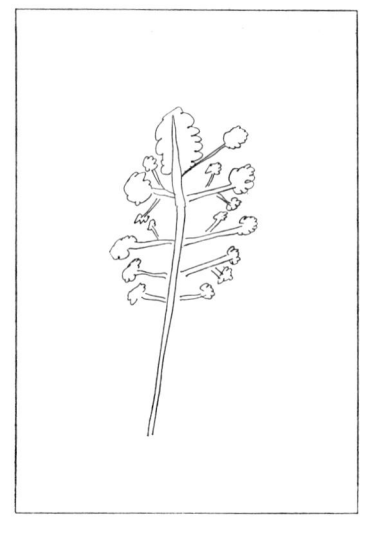

いずれにせよ幹の片側の枝を強調しすぎるのは，精神面での安定性を失っている被検者に見られやすい。

また図8－17のように幹と枝や，大きい枝と小枝とが離れている「接合しない枝」は，①特定の目標に精神的エネルギーが十分に注がれていないこと，②環境を適切に処理できないこと，③自己と外界の境界が明確でないことや，時には④注意散漫や，⑤衝動性を表していることがある。

図8－17

時に見られる「幹の方に逆行した枝」は，①自己中心性，②内向性，③強迫性を示すし，小枝が大きい枝に「突きささった枝」は，サディスティックあるいはマゾヒスティックな傾向を示す可能性がある。また「枯れた枝」は，①心理的外傷としての傷ついた感情を有していて，②違和感，③無力感，④受動性などを示し，時に⑤性能力の低下を表したりする。

(4) 三次元の枝

多くの被検者の描く枝はこれまで述べたような二次元の枝であるが，中には三次元（立体的）に枝の接合を表現する者がいる（図4－8，5－3，6－12，6－30，8－16など）。「三次元の枝」に限らず，枝の交差など樹木画で「立体的な表現」をするのは，①高知能，②独創性，③感受性，④批判力，⑤正確さなどの肯定的な面や，⑥完全性の追求，⑦自己中心性，⑧両価性などを象徴している。

したがって三次元の枝が接合点で閉鎖されている時や，図4－8のように切り取られている場合は，これらの傾向や衝動性が抑制されていること

第8章　樹冠,葉,枝

を表している。

(5) 樹冠を形成する枝

樹冠内で枝が大枝から「小枝に分かれる枝」は,①平衡と調和を重視するか,もしくは②妥協的で決断力に欠けることを象徴している。なお図8―18のように「著しく多い小枝」は,①空想に耽る傾向や,②軽躁状態を示すが,幹が小さい場合は,①環境に満足を求める傾向が強いことや,②不適切感を補うために過度の達成欲求を持つことを表しやすいと考えられている。

樹冠内で枝が入り組んだ「交差した枝」(図6―27,8―6,8―18など)は,前頁のような意味を象徴している。しかし,多くの枝が下方に向いていたり,交差部分で見えるはずのない部分が見えている「透明性」が存在したりする時は,①不注意,②心理的緊張,③精神の混乱などの否定的な面を示すことがある。

また,樹冠の中の枝を描かないで,陰影や葉を描くことで茂みを表すだけの樹木画はよく生じるが,図8―19のように一線枝や二線枝をところどころに描くのは,「茂みに隠れている枝」の出現を描いているので,①被検者が隠している精神的自信や身体的・性的自信をそれとなく示そうとすることを象徴するし,②時には軽度の露出傾向を表すこともある。Koch はとくに二線枝(管状の枝)が樹冠内に描かれるのは,①無頓着,②即行性,③一貫性の欠如などを示すと述べている。

また,図8―20のように樹冠の輪

図8―18

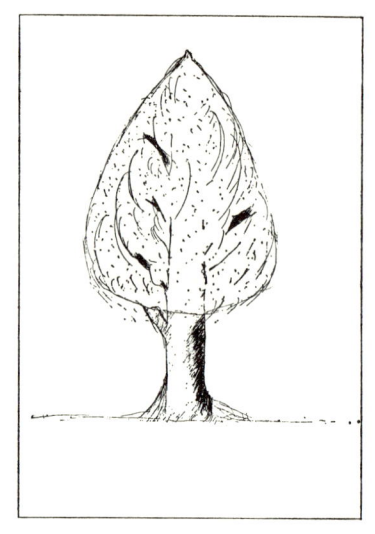

図 8 —19　　　　　　　　図 8 —20

郭線を描きながら，輪郭線から「はみ出た枝」の目立つ樹木画は，①規範の無視，②自己本位な対人接触の仕方などを示すようである。

　(6)　樹冠の構造としての枝

　樹冠内の枝を描く時，大枝から分化する小枝を描かないで上方に向いた数本の大枝だけを，図8 —21のように描く被検者がいる。この「手のような構造の枝」は，①外向性，②強い達成欲求を示す以外に，③精神的エネルギーを分散させて活用しようとしたり，④外界からの影響を受け入れようとし，⑤環境の多方面に興味を抱くことを示している。時にこの形の枝は，①不安定性，②分裂

図 8 —21

第8章　樹冠，葉，枝

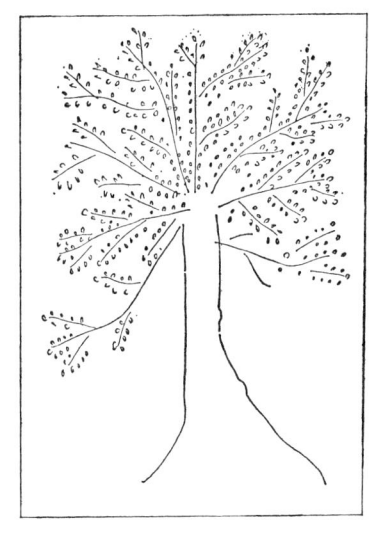

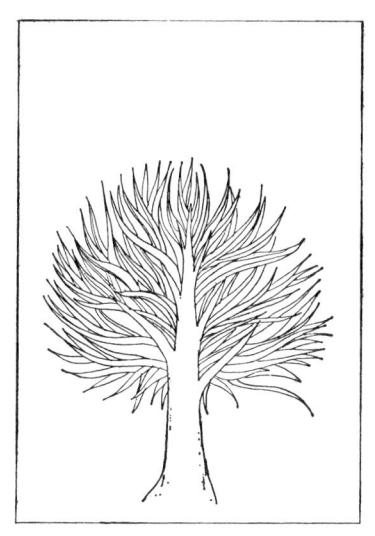

図8-22　　　　　　　図8-23

傾向，③被影響性を示すこともある。さらに図8-22や図8-23のように，幹の頂上から上方だけでなく，あらゆる方向に出た「放射線のような構造の枝」を描くのも，「手のような構造の枝」と同じように，多くの対象に関心を抱き，それに自分の影響を及ぼしたり，対象からの何かを受け入れようとするが，外向性や達成欲求の目立たない被検者に生じやすい。またこの形の枝は，①不安定性，②注意散漫，③気紛れなどを示すこともある。

4　付属的に描かれるもの

既述の「葉」以外にも，樹木にはいろいろのものが付け加えて描かれる。たとえば「花」「つぼみ」「果実」などは，しばしば描かれるものであり，その意味は既に述べた通りである。

また木とともに，図5-19のように「鳥」を描くのは，明るい気分や希望を表すことが多い。木に「鳥がいたり卵が入っていたりする巣」を描く

被検者は，家族の暖かさを感じていたり，求めていたりするが，何もいない「空の巣」は喪失感や無力感を意味しやすい。また図5—19のように「巣箱」を描くのは，他人に善意を抱いていたり，他人からの善意を期待していたりするようである。

　子供の描く樹木画には，ウサギやリスなどの「小動物」が木の下で遊んでいたり，幹に登っていたりする状態や，セミやチョウチョウが木にとまったり，木の近くを飛んでいたりする状態を描いたり，ミノムシなどの「昆虫」が枝にぶら下がった絵がよく生じる。子供はこれらの「小動物」や「昆虫」と自分自身を同一化し，家庭を木に象徴させていることが多く，これらは①依存性，②未成熟性を表すと考えられる。青年や成人でこのような絵を描くのは，子供の場合と同じような依存性や未成熟性を表す以外に，③自己蔑視を示していることがよくある。中には「衣服」を枝にかけた絵を描く者もいるが，この場合は木を自分自身と同一化していて，自尊心を失った自分の状態を象徴していることが多い。

　既述のように樹木画においては，被検者の有するイメージが混在してグラフィック・コミュニケーションとして描かれているので，樹木がつねに被検者自身か家族のどちらかを表すとか，付属的に描かれるものがつねに他者であるとかを予測して断言することはできない。また描画は被検者の自己と他者を混在して示していることも多いので，図2—1の図式を念頭に置くことは必要であるが，被検者の描いた樹木画がこの図式の中の一つの項目だけを表していると考えるべきではなく，描画中の行動観察や描画後の質問(PDI)を忘れてはならない。さらに臨床場面で樹木画を解釈するに当たっては，他のさまざまな情報を参考にして，総合的に解釈をしていかねばならない。

参 考 文 献

　樹木画テストを含む描画テストに関する文献はきわめて多く，本書では参考にした文献の中での主要な書物を幾つかあげることにする。

Bolander, K. (1977) Assessing personality through tree drawings. Basic Books, N.Y.

Buck, J. (1948) The H-T-P technique: a qualitative and quantitative scoring manual. Journal of Clinical Psychology, 4 : 317～396.

Buck, J. (1966) The House-Tree-Person Test: revised manual. Western Psychological Services, Calif.

Buck, J., & Hammer, E.(eds.)(1969) Advances in the House-Tree-Person technique: variations and applications. Western Psychological Services, Calif.

Burns, R., & Kaufman, H. (1972) Actions, styles and symbols in kinetic family drawings. Bruner, N.Y.〔加藤孝正ほか訳（1975）子どもの家族画診断，黎明書房.〕

Hammer, E. (1958) The clinical application of projective drawings. Charles C Thomas, Ill.

林勝造・一谷彊編著（1973）バウム・テストの臨床的研究，日本文化科学社.

Jolles, I. (1964) A catalogue for the qualitative interpretation of the H-T-P. (Revised). Western Psychological Services, Calif.

Koch, K. (1949) Der Baumtest: Der Baumzeichenversuch als psychodiagnostisches Hilfsmittel. 1st ed., Huber, Bern.〔林勝造ほか訳（1970）バウム・テスト（英語版による訳）日本文化科学社.〕

Koch, R., 林勝造ほか編著（1980）バウム・テスト事例解釈法，日本文化科学社.

Ogdon, D. (1967) Psychodiagnostics and personality assessment: a handbook (2nd ed.) Western Psychological Services, Calif.

高橋雅春（1967）描画テスト診断法　文教書院.

高橋雅春（1974）描画テスト入門──ＨＴＰテスト──　文教書院.

図表記載ページ

図2－1 …………… 18	図5－22 …………… 59	図6－31 …………… 77
図2－2 …………… 22	図5－23 …………… 59	図6－32 …………… 77
図2－3 …………… 22	図5－24 …………… 59	図7－1 …………… 79
図3－1 …………… 26	図5－25 …………… 59	図7－2 …………… 79
図3－2 …………… 27	図6－1 …………… 61	図7－3 …………… 81
図4－1 …………… 36	図6－2 …………… 61	図7－4 …………… 81
図4－2 …………… 36	図6－3 …………… 62	図7－5 …………… 82
図4－3 …………… 37	図6－4 …………… 62	図7－6 …………… 84
図4－4 …………… 39	図6－5 …………… 63	図7－7 …………… 84
図4－5 …………… 41	図6－6 …………… 63	図7－8 …………… 85
図4－6 …………… 41	図6－7 …………… 63	図8－1 …………… 87
図4－7 …………… 42	図6－8 …………… 64	図8－2 …………… 87
図4－8 …………… 42	図6－9 …………… 65	図8－3 …………… 88
図5－1 …………… 46	図6－10 …………… 65	図8－4 …………… 88
図5－2 …………… 46	図6－11 …………… 65	図8－5 …………… 88
図5－3 …………… 47	図6－12 …………… 66	図8－6 …………… 89
図5－4 …………… 47	図6－13 …………… 66	図8－7 …………… 90
図5－5 …………… 48	図6－14 …………… 67	図8－8 …………… 90
図5－6 …………… 50	図6－15 …………… 67	図8－9 …………… 91
図5－7 …………… 50	図6－16 …………… 67	図8－10 …………… 92
図5－8 …………… 51	図6－17 …………… 68	図8－11 …………… 92
図5－9 …………… 51	図6－18 …………… 68	図8－12 …………… 94
図5－10 …………… 51	図6－19 …………… 69	図8－13 …………… 94
図5－11 …………… 51	図6－20 …………… 69	図8－14 …………… 95
図5－12 …………… 52	図6－21 …………… 71	図8－15 …………… 95
図5－13 …………… 52	図6－22 …………… 71	図8－16 …………… 96
図5－14 …………… 53	図6－23 …………… 72	図8－17 …………… 98
図5－15 …………… 53	図6－24 …………… 72	図8－18 …………… 99
図5－16 …………… 53	図6－25 …………… 72	図8－19 …………… 100
図5－17 …………… 54	図6－26 …………… 74	図8－20 …………… 100
図5－18 …………… 56	図6－27 …………… 74	図8－21 …………… 100
図5－19 …………… 56	図6－28 …………… 74	図8－22 …………… 101
図5－20 …………… 58	図6－29 …………… 76	図8－23 …………… 101
図5－21 …………… 58	図6－30 …………… 76	

事 項 索 引

〔あ〕

著しく多い小枝……………………99
一部分の欠けた樹冠………………89
1本の枝……………………………96
衣服………………………………102
陰影………………… 38, 75, 79, 82
陰影のある根………………………82
植木鉢………………………………52
うろ…………………………………75
うろこ状の樹皮……………………74
枝が垂れた樹冠……………………87
円形の樹冠…………………………88
円で囲ったライン…………………85
大きいサイズの木…………………31
大きすぎる根………………………80
大きすぎる葉………………………92
多くの領域に分化した樹冠………89
岡のような地面……………………84
落ちた枝……………………………96
折れた枝……………………………96
折れた幹……………………………68

〔か〕

開放の枝……………………………95
開放の幹……………………………70
かぎ穴の木…………………………88
影……………………………………39
重なって描かれた破線………… 38, 73

果実…………………………… 18, 46
風……………………………… 47, 57
角のある枝…………………………94
下部が切断された木………………35
下方…………………………………29
下方に描かれた木…………………33
下方に向かう枝……………………97
雷……………………………… 48, 57
枯れ木………………………………48
枯れた枝……………………………98
枯れた根……………………………82
傷跡…………………………………75
切り株………………………………49
切り込まれた枝……………………96
切り取られた枝……………………96
空間象徴……………………… 21, 25
空想的な木…………………………58
空白の茂み…………………………90
空白の樹皮…………………………73
草……………………………………85
叢……………………………………85
くびれたり膨れたりしている枝……93
雲……………………………………56
雲型の樹冠…………………………87
グラフィック・コミュニケーション………………………………23
クリスマスの木……………………53
黒く塗りつぶした木………………38
黒く塗りつぶした茂み……………91
黒く塗りつぶした樹皮……………73
幻想的な木…………………………58

105

交差した枝……………………99
交差した根……………………81
小枝に分かれる枝……………99
孤立した根……………………81
昆虫………………………… 102
棍棒のような枝………………93

〔さ〕

細分化した根…………………81
先が太くなった枝……………93
先のとがった枝………………94
三角形の樹冠…………………87
三次元の枝……………………98
三方で切断された木…………35
四角形の樹冠…………………87
茂み……………………… 46, 92
茂みに隠れている枝…………99
支柱のある木…………………53
しみ……………………………75
地面のライン…………………43
集約した形の根………………81
樹冠が大きくて幹が短い木…69
樹冠が小さくて幹が長い木…68
樹冠の両側が垂れた木………89
正面向きの顔…………………54
上部が切断された木…………35
上方……………………………29
上方で二つに分かれた幹……63
上方に描かれた木……………33
上方に伸びることを強調した枝……97
常緑樹…………………………45
巣………………………… 101
垂直線…………………… 73, 74
垂直楕円の樹冠………………86
水平線の樹皮…………………75

数本の木………………………54
巣箱………………………… 102
接合しない枝…………………98

〔た〕

対称性の欠如…………………40
太陽……………………………55
竹………………………………50
蛇行した幹……………………67
縦長三角形の樹冠……………87
垂れ下がった枝………………97
男根の形の枝…………………94
単線の枝………………………94
単線の根………………………81
単線の幹………………………64
小さいサイズの木……………31
中央上に描かれた小さい木…34
中央下に描かれた小さい木…34
中央に描かれた木……………32
中央に描かれた小さい木……33
抽象的な木……………………57
鳥瞰図…………………………42
月………………………………56
突きささった枝………………98
つた……………………………92
つぼみ…………………………93
爪のような根…………………80
強い筆圧………………………32
強すぎる輪郭線の茂み………90
手のような構造の枝……… 100
電柱のような幹………………62
同心円的な樹冠………………91
動物…………………… 77, 102
透明性……………… 41, 80, 99
鳥………………………… 101

〔な〕

苗木……………………………49
長い垂直線の樹皮……………74
波型の輪郭線…………………73
並木……………………………55
滑らかに曲がった枝…………94
２本の木………………………54
根も地面のラインもない木…78
根元が広くなった幹…………62
根元より高い地面……………83
根元より低い地面……………83

〔は〕

葉…………………………46, 91
破線………………………37, 73
花…………………………85, 93
葉の散る木………………47, 92
幅広くなったスケッチ風のライン……………………………38
はみ出た枝…………………100
針状の葉………………………92
半円形の樹冠…………………89
半開放の幹……………………70
ひこばえ………………………49
菱形の傷跡……………………76
左上……………………………29
左上隅に描かれた小さい木…33
左側……………………………29
左側で切断された木…………35
左側に描かれた木……………32
左側に極端に傾斜している幹…66
左側に膨らんだ幹……………64
左側を強調した枝……………97
左側を強調した樹冠…………86
左下……………………………29
左下隅に描かれた小さい木…34
左に傾斜した地面……………84
人の姿…………………………54
描画後の質問（ＰＤＩ）……12, 15, 45
節穴……………………………75
冬枯れの木……………………47
不連続の破線…………………72
分離した幹……………………65
閉鎖した幹……………………71
閉鎖している枝………………97
平坦な形の根…………………80
放射線のような構造の枝……101
星………………………………56
骨組みのある樹冠……………91
炎のような樹冠………………87
盆栽……………………………52

〔ま〕

松………………………………67
抹消……………………………39
見上げた絵……………………42
幹の上が広くなった木………62
幹の根元が地面と連続した木…79
幹の根元だけを切断したライン…78
幹の幅の狭い木………………69
幹の幅の広い木………………69
幹の左側につけた陰影………75
幹の方に逆行した枝…………98
幹の右側がくぼんだ傷跡……76
幹の右側につけた陰影………75
右上……………………………29
右上隅に描かれた小さい木…34
右側……………………………29

右側で切断された木……………………35
右側に描かれた木………………………33
右側に描かれた孤立した根……………82
右側に極端に傾斜している幹…………66
右側に膨らんだ幹………………………64
右側を強調した枝………………………97
右側を強調した樹冠……………………86
右下………………………………………29
右下隅に描かれた小さい木……………34
右に傾斜した地面………………………84
道…………………………………………55
実の落ちる木……………………………46
実のなる木………………………………46
木材………………………………………49
文字…………………………………50, 54
森…………………………………………55

〔や〕

椰子………………………………………50

柳…………………………………………52
山…………………………………………57
用紙を横にして描いた樹木画…………36
用紙の下を地面と見た木………………83
横に広がった樹冠………………………86
横向きの顔………………………………54
汚れ………………………………………75
弱い筆圧…………………………………32

〔ら〕

落葉樹……………………………………45
乱雑な輪郭線の茂み……………………90
立体的な表現……………………………98
漏斗状の幹………………………………63

〔わ〕

歪曲した樹冠……………………………89
若い木……………………………………49

［著者紹介］

高橋雅春（たかはし　まさはる）
大阪市に生まれる
京都大学文学部哲学科心理学専攻卒業
主　著　描画テスト診断法　文教書院　1967年
　　　　非行少年の類型　文教書院　1970年
　　　　描画テスト入門―HTPテスト　文教書院　1974年
　　　　人物画テスト（共著）　文教書院・北大路書房　1991年・2010年
　　　　ロールシャッハ・テスト解釈法（共著）　金剛出版　2007年　他

高橋依子（たかはし　よりこ）
京都市に生まれる
京都大学大学院文学研究科博士課程心理学専攻修了
現　在　大阪樟蔭女子大学名誉教授（文学博士，臨床心理士，公認心理師，描画療法士）
主　著　ロールシャッハ診断法Ⅰ・Ⅱ（共著）サイエンス社　1981年
　　　　幼児の心理療法（共著）　新曜社　1982年
　　　　臨床心理学序説（共著）　ナカニシヤ出版　1993年
　　　　樹木画によるパーソナリティの理解（訳）　ナカニシヤ出版　1999年
　　　　ロールシャッハ・テストによるパーソナリティの理解　金剛出版　2009年
　　　　描画テスト　北大路書房　2011年
　　　　描画療法入門（共編著）　誠信書房　2018年
　　　　統合的なカウンセリングと心理療法への招待（監訳）　北大路書房　2022年　他

樹木画テスト

| 2010年3月20日 | 初版第1刷発行 | 定価はカバーに表示 |
| 2025年6月20日 | 初版第11刷発行 | してあります。 |

著 者　　高橋　雅春
　　　　　高橋　依子

発行所　　(株)北大路書房
〒603-8303 京都市北区紫野十二坊町12-8
　　　　電　話　(075) 431-0361(代)
　　　　FAX　　(075) 431-9393
　　　　振　替　01050-4-2083

©2010　印刷・製本／亜細亜印刷㈱
検印省略　落丁・乱丁本はお取り替えいたします。

ISBN978-4-7628-2704-4　Printed in Japan

・ JCOPY 〈(社)出版者著作権管理機構 委託出版物〉
本書の無断複写は著作権法上での例外を除き禁じられています。
複写される場合は，そのつど事前に，(社)出版者著作権管理機構
(電話 03-5244-5088, FAX 03-5244-5089, e-mail: info@jcopy.or.jp)
の許諾を得てください。